Agathe de Miniac

Cœur de prof

Ils m'ont tout appris

récit

nouvelle cité

Afin de respecter l'anonymat des élèves cités dans cet ouvrage, leurs noms ont été modifiés.

Composition : Soft Office
Couverture : Florence Vandermarlière

Illustrations de couverture :
p. 1&4 : photos © Irénée Photo Vidéo

Domaine d'Arny
91680 Bruyères-le-Châtel

ISBN : 9782375822654

Cœur de prof

À mes cinq maîtres et pédagogues,
Malo, Inès, Jeanne, Isabelle et Louis

« Que voulez-vous que je lui apprenne ? Il ne m'aime pas. »

Socrate

Je sursaute. Je ne l'avais pas entendu venir. Il fait encore nuit noire dehors. J'étais plongée dans mon travail, totalement absorbée par l'effort. D'habitude, il ne passe pas. Le train de 6h20 ne compte pas beaucoup de voyageurs. Nous ne sommes que trois dans cette voiture. Je fouille dans mon manteau à la recherche de mon billet. Je ne suis pas encore très réveillée. Je finis par le trouver au fond de la dernière poche. Il m'a interrompue dans la correction des contrôles des quatrièmes B, les feuilles sont étalées devant moi. Arrivé à ma hauteur, le contrôleur avise mes copies:

— Vous êtes prof?

Je l'observe, le Bic rouge en l'air. Casquette vissée sur la tête, la quarantaine, un peu bedonnant, il me sourit gentiment par-dessus ses lunettes.

— Oui, professeur d'histoire-géo en collège…

Compostant mon billet, il poursuit, un brin admiratif:

— Ah ça, il faut la «vocation» comme on dit. Ce n'est pas fait pour tout le monde, moi je ne pourrais pas… Mais, c'est votre choix, d'être prof?

Je ne sais pas trop quoi lui répondre. Je viens d'obtenir mon concours. Il m'a fallu m'y reprendre trois fois. Les deux premières tentatives, j'ai échoué à l'oral. J'ai fini par obtenir ce fichu Capes. À vingt-cinq ans, j'ai terminé mon année de professeur stagiaire. Je suis maintenant « agent public titulaire d'un contrat définitif ». Et ce contrat s'exerce sur deux collèges à une soixantaine de kilomètres de chez moi sur la côte nord de la Bretagne. Je prends donc le train tous les matins en y chargeant mon vélo. Un trajet d'une heure deux fois par jour. C'est en pédalant que je fais la navette entre mes deux établissements. Je range mon billet et adresse un sourire à mon contrôleur. Il me salue, repart et je reprends la correction de mes copies.

Les paroles du contrôleur flottent dans ma tête. Pourquoi ai-je choisi ce métier ? Je ne sais pas trop. C'est drôle comme j'ai peu réfléchi à mon orientation. Je ne sais pas pourquoi je ne me suis pas posé plus de questions. Un instinct ? Une évidence ? Le destin ou la Providence ? Il est clair que j'aime le contact avec les jeunes. La lecture, les livres suscitent chez moi une fascination. J'y consacre des heures. Naturellement la combinaison de la lecture et de la jeunesse donne l'enseignement. Et puis, c'est un métier compatible avec une vie de famille. En tout cas, c'est ce que mes parents m'ont toujours dit. Bref, c'est avec une sorte de légèreté, d'insouciance que j'ai embrassé ce métier. Je m'y suis engagée, le cœur joyeux, sans penser un seul instant aux obstacles. Pourquoi rencontrerais-je des difficultés ? C'est agréable d'apprendre, c'est enthousiasmant. Haut les cœurs !

Je me replonge dans mon travail, bercée par le ronronnement du train. De temps en temps, je lève les yeux et jette un coup d'œil par la fenêtre. L'aube diffuse sa pâle lueur. Entre chien et loup, je ne vois encore presque rien : un pont, une maison, une église passent à toute vitesse. Je retourne à mes copies. Le contrôleur repasse et m'adresse un petit signe amical de la main, je lui souris. Il ne me reste plus que quelques feuilles. Je termine mon travail. Je range le tout dans mon cartable. Je sens le train ralentir. J'arrive à destination.

Le jour se lève enfin. Il fait beau. Je descends ma bicyclette, l'enfourche et m'enfonce dans la ville. Elle semble encore endormie. Je croise quelques camions poubelles. Je pédale vigoureusement vers la plage. J'aperçois les remparts sur ma gauche. Je tourne à droite. Les brise-lames, l'immense étendue de sable, la mer au loin. Je prends la digue et une bonne bouffée d'air iodée. Je remonte le col de mon manteau. L'air est bien frais, je frissonne un peu. Je suis maintenant totalement réveillée.

LE TEMPS
DE L'INSOUCIANCE

« L'homme ne sait vraiment que pour autant qu'il expérimente. »

Saint François d'Assise

BABACAR

Le bruit de mes pas résonne dans les couloirs vides. Désert, le collège semble encore en sommeil. Comme souvent, j'ouvre la salle des professeurs. Je me prépare un café. J'allume la photocopieuse. Des petits bips m'indiquent qu'elle est en préchauffage. Le cours d'aujourd'hui porte sur la Révolution française : des États généraux jusqu'à la chute de Robespierre. La photocopieuse est prête. Elle se met en marche et crache ses feuilles. Je les attrape et monte dans ma classe, mon café à la main. J'ouvre la porte, tout est bien en ordre. Les tables et les chaises s'alignent docilement devant le tableau. Je pose mes affaires sur le bureau et sirote mon café. Je peux lambiner quelques instants, je suis en avance. Lorsque je me penche légèrement à la fenêtre, j'aperçois la mer. J'entends les cris des mouettes. C'est un peu loin de chez moi, mais il faut avouer que le cadre est idyllique. J'écris le texte à copier derrière la partie mobile du tableau. Je range un peu mes affaires. Je suis prête. La sonnerie retentit. Je descends chercher mes élèves qui m'attendent bien rangés, bien alignés comme des petits soldats. Le cadre d'éducation y veille scrupuleusement. Très gentils, ces élèves disent bien bonjour, bien au revoir, ils n'omettent jamais un merci ou un s'il vous plaît. Enfants pour la plupart de cadres et de professions libérales, ils semblent fiers et heureux d'habiter ici. Je ne rencontre pas de difficulté à être leur professeur. Ils m'écoutent attentivement. Ils s'assoient quand je le leur dis. Ils se mettent docilement debout quand un adulte frappe à la porte. Ils n'oublient jamais leurs affaires. Ils ne remettent rien en question. Comme moi, ils ont l'école dans leur code génétique. Apprendre ainsi leur semble une évidence.

Nous grimpons l'escalier qui mène à leur salle de classe au deuxième étage. Peu de bruits, peu de bavardages. Ils se rangent parfaitement devant la porte. Ils entrent à mon signal en me saluant et s'installent paisiblement. Le cours commence. Un cours classique comme j'en ai reçu. Titre en rouge, sous-titres en vert, trace écrite en bleue. Le professeur parle, les élèves l'écoutent. Le professeur interroge celui qu'il veut. Nous regardons le manuel, lisons un texte, répondons aux questions. La cloche sonne. Je recommence avec une autre classe, avec les mêmes élèves appliqués. Même cours, même niveau, même calme. À la fin de la matinée. Je range mes affaires, salue un collègue dans la salle des professeurs, reprends mon vélo et roule vers mon deuxième collège. Il m'attend à l'autre bout de la ville, tout l'oppose à ce qui se vit ici.

Pas le temps de déjeuner à la cantine. Je m'arrête pour avaler un sandwich. Je m'assois sur un banc face à la plage. Le soleil de fin d'été diffuse encore une bonne chaleur. Quelques nuages s'étirent à l'horizon. La mer est montée. Cette grève immense s'étend à perte de vue. Ce tableau aux couleurs sans cesse changeantes m'hypnotise. Je médite un peu tout en regardant quelques promeneurs qui déambulent tranquillement. Un peu de vent rafraîchit mes oreilles. Je prends une grosse gorgée d'air frais et de sérénité. Il est temps que je reparte. La pause est terminée. J'enfourche ma bicyclette. Mon deuxième collège m'apparaît au loin. Je me redresse. Ici, enseigner est une sorte de combat, de lutte. Je dois puiser au fond de moi de la force, de l'énergie. Rien que son apparence annonce la couleur. Les murs disent leur épuisement. L'établissement est en rénovation, le vacarme des travaux couvre continuellement le bruit de la circulation pourtant active dans ce quartier près de la gare. C'est d'ailleurs dans un préfabriqué que j'enseigne cet après-midi. J'attache mon vélo à un poteau. Je passe par la salle des professeurs, jette un coup d'œil dans mon casier. La collègue de maths m'aperçoit. La cinquantaine et toujours le feu sacré : le genre de prof exigeante mais avec un regard toujours positif sur les élèves.

— Coucou Agathe !

— Salut Béatrice.

— Tu es au courant pour les quatrièmes B ?

Les ennuis arrivent. Je suis le professeur principal de cette classe. Je lui réponds avec un peu d'inquiétude dans le regard :

— Non, je reviens de Choisy.

Elle s'adosse au mur :

— Babacar s'est énervé en anglais contre Véronique. Il était avachi sur sa table, refusant de travailler. Visiblement, il avait encore peu dormi cette nuit. Elle a insisté pour qu'il sorte ses affaires et se mette au travail. Il a pris son sac, est sorti de cours, en hurlant qu'elle ne pouvait pas le comprendre. Il n'est pas allé bien loin mais les autres élèves ont pris sa défense.

Béatrice fourre les mains dans ses poches, marque une petite pause.

— Tu sais comment ils sont. Dès qu'un des leurs est attaqué, ils ripostent. Ils font corps face à l'adversaire. Je ne sais pas trop ce qu'ils lui ont dit mais Véro était en larmes à la récré. Elle n'arrive plus à les prendre. Je crains qu'elle ne se fasse mettre en arrêt maladie. Il va falloir faire quelque chose…

Changement radical d'atmosphère. Ici, les enfants viennent des tours derrière la zone industrielle. Ils vivent des situations familiales aussi variées que compliquées. L'école n'est franchement pas leur priorité. Certains n'entendent pas un mot de français chez eux. Je n'en mène souvent pas large. Je suis un peu impressionnée. Je perçois la force du groupe et je ne me sens pas toujours à la hauteur. Je ne sais pas trop ce que je dois faire :

— Et tu me conseilles quoi ?

Femme d'expérience, Béatrice enseigne ici depuis une dizaine d'années. Elle enseigne aussi aux quatrièmes B. Elle occupe également la place de professeur principal d'une autre classe de quatrième.

— Prends le temps de discuter avec eux. Essaye de comprendre ce qui s'est passé. Il ne faut pas que tu te les mettes à dos. Pour le moment, ils t'aiment bien. Mais montre aussi ton autorité pour qu'ils comprennent qu'il ne faut pas que cela recommence. Je vais en toucher deux mots à la directrice. Va voir aussi Véro…

Elle se redresse et me tape doucement sur l'épaule.

— Allez, bon courage ! Passe quand même un bon après-midi.

Montrer son autorité ? Je ne comprends pas vraiment cette expression. Pourtant, c'était la seule chose importante durant l'année de stage. Les formateurs, ma tutrice, le directeur et les collègues, tout le monde n'avait que ce mot à la bouche : l'autorité. Cependant, je ne suis pas certaine d'en avoir bien saisi toutes les ficelles. La sonnerie retentit. Je n'ai pas eu le temps de me préparer ni d'installer ma classe. Je sors dans la cour. Le contraste est saisissant avec le monde de ce matin. Les élèves sont partout en désordre. Ça crie, ça chahute, ça s'interpelle. Pas de cadre d'éducation qui leur demande de se ranger. Ici le CPE a abandonné toute velléité d'ordre. Il a trop à faire ailleurs. Mes quatrièmes sont censés m'attendre devant leur salle de cours. Ont-ils seulement entendu la sonnerie ? Quatre élèves patientent sagement. J'interpelle les uns et les autres, tente de les faire mettre en rangs et finis par réunir à peu près ma classe. Je m'efforce de former un semblant de lignes : il y en a toujours un retourné qui discute, un autre qui fait semblant de ne pas m'entendre, casque sur les oreilles. Babacar se détache au fond, les mains dans les poches de son jogging blanc, mâchant ostensiblement du chewing-gum, ce qui est interdit par le règlement. Il plante ses yeux dans les miens, capuche sur la tête, me défiant du regard. Il mesure une tête de plus que moi. L'après-midi va être long.

L'entrée en classe se fait dans le bruit. J'ai beau tenter de reprendre l'un ou l'autre, le vacarme domine. Chacun finit par prendre sa place. J'attends encore que le calme se dégage, un peu. Je procède à l'appel dans un silence tout relatif. Des papiers jonchent le sol, le tableau n'a pas été effacé. Des équations de mathématiques semblent attendre leur résolution. Des graffitis obscènes décorent la plupart des tables. À croire que les mots « PD » et « pute » sont le vocabulaire ici le plus usité. J'hésite un peu à les interroger sur l'incident de ce matin. Cela risque de prendre toute l'heure de cours. J'ai déjà presqu'un mois de retard sur mon programme par rapport aux classes de l'autre collège. Je sens de l'électricité dans l'air. J'ai peur de déclencher une tempête que je ne maîtriserai pas ensuite. J'ai peur d'être débordée, j'ai peur d'être prise entre deux feux, entre ma collègue et les élèves. C'est drôle comme le prof principal doit régler des problèmes qui se passent en dehors de son cours, pendant qu'il n'est pas là. Je devrais dégager naturellement une sorte de charisme, de don d'ubiquité, de pouvoir de résolution de conflit. Je ne m'en sens pas capable. Courageusement, j'évite l'obstacle. Je décide de commencer le cours. La mise au travail est laborieuse. Plusieurs ont oublié leur cahier ou leur manuel. Je mets des mots dans les carnets. La tension monte encore d'un cran.

— C'est pas juste madame, je l'oublie jamais d'habitude ! Ma mère va me tuer.

Mes collègues m'ont bien mise en garde : je ne dois rien laisser passer. C'est peut-être ça, « l'autorité » ? Je referme mon cœur. Il faut tenir. Babacar n'a, comme d'habitude, pas ses affaires. Je m'approche de lui pour prendre son carnet. Encore, il m'affronte du regard sans un mot. Tenir. Tenir. Il n'explose pas. C'est déjà ça. Je note le mot d'oubli sur son carnet de bord. Son regard me transperce, tenace et coléreux. Ne pas réagir. Je reprends ensuite le cours. J'ai l'impression que personne ne m'écoute. Sans arrêt, ils font des remarques à voix haute, s'invectivent, s'insultent parfois. J'arrive, bon gré mal gré, à la fin de l'heure. Juste avant la sonnerie, je me décide à rendre les copies. Les notes sont mauvaises. Quelques élèves se démarquent un peu. Mais le gros du groupe n'a pas la moyenne. Ils en rigolent entre eux. C'est un concours de celui qui aura la plus mauvaise note. La cloche sonne. Sans un regard pour moi, ils se lèvent dans un brouhaha semblable à celui de leur entrée. Je les regarde sortir, un peu amère. Je n'ai pas eu le courage d'affronter le problème de la prof d'anglais. Ma journée est terminée.

Un drôle de sentiment m'habite après ce genre de cours. Je ne rêvais pas de cela en devenant professeur. Moi qui adore apprendre, j'imaginais transmettre cette passion sans lutter. Je me figurais que ma flamme intérieure allait immédiatement embraser leurs cerveaux. Je me sens lasse. J'ai envie de rentrer et d'aller chercher mon petit gars chez sa nourrice. J'ai besoin de me réchauffer tout contre cette petite âme encore vierge de toute violence. J'aspire aussi à retrouver mon Nicolas et son regard tranquille. Il a, de son côté, choisi d'enseigner aux enfants du primaire. Sans cesse, nous discutons, confrontons, échangeons à propos de ce que nous vivons dans nos écoles. Il me montre souvent un aspect que je n'avais pas remarqué. Toujours, il m'apaise. Je range mes affaires, regarde l'heure et accélère pour ne pas louper mon train. Je croise en montant le contrôleur. Il me sourit. Son expression silencieuse me réchauffe le cœur. Je repense à sa petite question.

Les semaines passent, défilent même. Le rythme soutenu m'empêche de trop réfléchir. Je suis tout de même frappée du contraste entre mes deux collèges. Le premier est reposant mais je commence à m'y ennuyer aussi un peu. Les collègues se montrent froids et distants : je me sens étrangère à leur univers. Le second est un défi permanent. Les autres profs s'avèrent vigilants, attentifs aux uns et aux autres. Il arrive qu'un de nous craque parfois. Nous nous refilons alors les petits trucs qui marchent avec cette classe ingérable. La difficulté resserre les liens.

Je découvre peu à peu les histoires de mes élèves. Tous vivent des situations de pauvreté matérielles et sociales. Peu de chances qu'ils en échappent. Beaucoup sont issus de l'immigration, de première ou de seconde génération. Je découvre tout un monde. J'appartiens à un milieu favorisé. Jamais l'hypothèse de ne pas faire d'études ne m'a effleurée. Être professeur est même le minimum attendu. En revanche, pour ces élèves, réussir à l'école ne semble pas un objectif prioritaire. Le succès de mes cours se montre aléatoire. Un jour, j'ai l'impression d'y arriver et le lendemain, je ne sais pourquoi, je ne peux pas en placer une. Je m'attache pourtant, insensiblement, à leurs différentes personnalités. Babacar se radoucit. Il vient parfois me voir à la fin du cours. Je le laisse venir. Je sens qu'il faut que je fasse alliance avec lui. Je discute un peu. Je le laisse prendre l'initiative de la conversation. Je sais maintenant qu'il est l'aîné d'une fratrie de huit enfants. Son père est reparti au Sénégal. Sa maman tente de nourrir tout son petit monde en faisant des ménages.

Il vient me voir un soir, en fin de journée. Il reste quelques élèves dans la classe. Je m'attends à une petite confidence, à un petit temps de pause. Il me jauge alors du haut de son mètre quatre-vingt et se penche un peu sur mon bureau. Il me lance d'une voix volontairement grave :

— *Emporio* d'Armani.

Je ne comprends pas ce qu'il essaye de me dire. Assise à mon bureau, le cahier de textes de la classe ouvert et le stylo entre les dents, je l'interroge :

— Pardon ?

— *Emporio* d'Armani, c'est votre parfum.

Il me regarde avec un petit sourire au coin des lèvres et ajoute :

— J'ai bien connu une femme qui portait ce parfum...

Il jette un coup d'œil sur ses copains pour s'assurer qu'ils ont bien entendu. Il attrape son sac et le lance sur ses épaules. Il se déploie alors totalement et repart, les yeux pétillants, bien content de son petit effet sur sa jeune prof rougissante.

MOHAMED ET FATHIA

Six mois plus tard.

Changement de climat, changement de pays, changement de continent.

Les ventilateurs ralentissent doucement. Le ronronnement rapide, habituel, lancinant, décélère. Le tempo s'engourdit petit à petit tel un métronome dont le mécanisme n'est plus remonté. Les tocs s'espacent de plus en plus. Encore une coupure d'électricité. Les pales s'arrêtent totalement de tourner. Le silence s'installe avec la chaleur qui grimpe. Nos fronts, nos mentons se mettent immédiatement à suer à grosses gouttes. J'attrape ma serviette et éponge mon menton. Le bourdonnement des mouches remplace le ronflement des ventilateurs. Elles viennent frénétiquement tourner autour de nos têtes. Le soleil tape furieusement contre le toit de tôle, il doit faire plus de quarante degrés.

J'ai une pensée pour mes élèves français et pour Babacar en particulier. Une nouvelle vie de prof s'ouvre maintenant à moi. J'ai troqué mes deux collèges de la côte bretonne contre un poste d'institutrice dans une école primaire de Djibouti. Petit pays oriental de la corne de l'Afrique, Djibouti a été surnommé par les nomades qui le traversent « la fournaise du diable». Caillouteux, désertique, il y règne la moitié de l'année une chaleur accablante. Nicolas, mon mari, est directeur d'une petite école dans les quartiers populaires de la ville et Malo, notre fils de dix-huit mois, est gardé par une nourrice djiboutienne. Nous habitons dans le logement de fonction de l'école de Nicolas.

Nous avions envie d'aventure, nous sommes servis. Tout diffère ici de la France. Je prends tous les matins un petit bus pour me rendre à mon travail. Je traverse la ville secouée par les cahots de la route défoncée. Ce nouvel environnement me fascine… Défilent sous mes yeux des baraques de tôles adossées à des vestiges de belles maisons coloniales, petites boutiques et vendeurs de rues. L'islam imprègne cette terre. Le muezzin appelle à la prière cinq fois par jour. Ce chant rythme nos journées. La classe commence tôt, à 7 heures, avant que la chaleur ne s'installe. Une longue pause méridienne coupe la journée en deux. La ville entière s'adonne alors à la sieste indispensable par cette chaleur écrasante. Les cours reprennent en milieu d'après-midi. Le soleil se lève tous les matins à 6 heures et se couche tous les soirs à 6 heures également. Pas de jours qui rallongent, pas de printemps ni d'automne. Juste une saison chaude et une saison fraîche. Le terme «saison fraîche» prête à sourire: le thermomètre y grimpe plus haut que lors des canicules bretonnes. L'école de la Nativité dans laquelle j'enseigne est une institution renommée dans le pays. Les religieuses qui l'ont fondée sont soucieuses d'y dispenser un enseignement de qualité. Les enfants des classes supérieures de la société djiboutienne constituent la majeure partie de mes élèves: j'enseigne ainsi au fils du ministre de la Justice et à la fille du procureur général de la République. Beaucoup sont nés en France ou au Canada, vivent dans des familles qui connaissent bien l'Occident. Il n'empêche que tous les jours, je me laisse surprendre par leur comportement, désarçonner par leurs réactions.

Mohamed Abdallah bougonne en pleurnichant à la fin d'une récréation. C'est un mignon petit garçon, un peu rond, un beau sourire éclaire habituellement son visage, découvrant de jolies dents blanches. Il appartient à l'une des deux ethnies majoritaires du pays : les Afars. Il me tourne autour en séchant vaguement ses larmes. Habituellement, il joue avec ses nombreux copains. Son pantalon, si propre ce matin, est couvert de cette poussière beige qui vole partout à chaque récréation. Les mêmes traînées claires barbouillent aussi ses joues bien noires. Me penchant sur lui, je l'interroge sur son chagrin :

— Qu'est-ce qui se passe, Mohamed ? Qu'est-ce qui ne va pas ?

Il baisse la tête, rentre ses épaules et murmure :

— Les autres copains… Ils m'ont insulté.

— Qui t'a insulté ?

Je dois tendre l'oreille pour attraper sa réponse :

— Mes amis, Idriss, Goulet et Mahad…

— Et que t'ont-ils dit qui te blesse ainsi ?

Dans un souffle, il murmure :

— Ils m'ont traité d'Africain…

Je reste un moment interloquée. Je le regarde longuement. Je crois ne pas avoir compris sa réponse. J'ose alors poser la question qui me brûle les lèvres :

— Et tu n'es pas africain ?

Il se met alors à gémir :

— Alors vous aussi vous m'insultez ?

Je ne saisis toujours pas : africain est une insulte ? Quasiment tous mes élèves sont africains… Il faut que je comprenne. Je réponds un peu fermement :

— Non, je ne t'insulte pas, Mohamed, mais africain, pour moi, ce sont les habitants du continent de l'Afrique comme moi je suis européenne. Pourquoi cela te fait-il autant de peine ?

Mohamed semble énervé de mes phrases naïves :

— Africain, cela veut dire africain de l'Ouest… Ceux qui ont des grosses lèvres et des grosses narines… Un caillou, quoi !

Je décode enfin. De silhouettes souvent minces et élancées, les Djiboutiens se distinguent par des visages assez étroits et des yeux en amande. Ils cherchent à afficher le teint le plus clair possible. Bref, mon pauvre Mohamed se trouve bien loin des stéréotypes attendus. Il se rapproche effectivement beaucoup plus de l'élégance de l'ouest du continent. J'avais déjà perçu des inimitiés contre les Africains occidentaux. Je savais que menacer quelqu'un de « caillou » était une offense. Vouloir se sentir supérieur est donc universel. Partout dans le monde, l'être humain tente de se hisser un peu au-dessus de l'autre ? J'essaye de consoler Mohamed, maladroitement sans doute. La cloche de la fin de la récréation sonne. Suants, poussiéreux et dégoulinants, les élèves se mettent en rangs devant la classe. Partout dans le monde, les enfants courent pendant la récréation. Cela aussi est universel…

Nous rentrons en classe. Les élèves s'assoient assez calmement à leurs bureaux. Ils attrapent leur bouteille d'eau et boivent à grosses gorgées. Danièle, volontaire comme moi, m'a suggéré de disposer la classe en îlots. Elle fourmille d'idées auxquelles je ne pense pas. C'est un peu sportif, des îlots avec plus de quarante élèves. Onze groupes de tables se répartissent dans la salle qui est heureusement assez grande. L'idée est justement de les faire coopérer, mutualiser, se rencontrer. Vu ce que vient de me dire Mohamed, cela me semble opportun. J'attends que tout le monde s'installe. La difficulté du grand nombre réside dans la lenteur des réactions. Quand je demande qu'on sorte le cahier du jour, il faut parfois dix minutes pour que chacun ait entendu, ait trouvé son cahier, et l'ait ouvert à la bonne page. Je dois patienter, exercice difficile chez moi.

Mon pied écrase une trousse tombée par terre. Je la ramasse et attends l'attention du groupe pour demander à qui elle appartient :

— À qui est cette trousse ?

— Elle est pour moi, Madame !

Je tends la trousse à Fathia. Cette expression ne m'étonne plus maintenant. Les élèves ne disent pas qu'un objet leur appartient. Ils disent qu'ils en ont l'usage. Cela m'a surprise au début. Je les reprenais. Mais un élève m'a un jour expliqué quel était le sens profond de cette expression :

— Rien n'appartient à une seule personne dans une famille. Tout appartient à tout le monde. Quand un des membres en a besoin, il s'en sert. C'est pour cela que nous disons « c'est pour moi ». Quand il n'en a plus besoin, ou que quelqu'un d'autre en a besoin, l'objet passe à d'autres mains…

Les Djiboutiens descendent de sociétés nomades. Ils n'ont pas développé le sens de la propriété de la même manière que je la conçois, moi l'Européenne. Je m'en émerveille d'ailleurs un peu. Ils pensent à l'échelle du groupe car un homme seul ne peut pas survivre dans ce climat. Il a besoin profondément de l'autre. Seul le mode collectif permet la survie. Cette manière de penser, de concevoir le monde diffère totalement de mon système occidental. Tout est différent ici. Je découvre un tout autre rapport au temps, à la vie, à la mort. Demain ne m'appartient pas, il appartient à Dieu, c'est le sens profond de « Inch Allah », « si Dieu le veut ». Dieu est le premier. Dieu décide si je serai en vie demain ou pas. À Djibouti, ce n'est pas la maladie qui provoque la mort, le décès arrive quand c'est l'heure de terminer sa vie. Ce fatalisme peut sembler choquant à nos yeux d'Européens. Mais cet abandon, ce non-contrôle offre une véritable liberté. Je dois vivre aujourd'hui, pleinement car je ne possède pas demain. Je n'ai pas encore conscience que cette philosophie, cet art de vivre m'éclairera et m'aidera souvent par la suite. Le climat influe aussi sur cette langueur. Impossible de s'agiter continuellement. Le corps ne tient pas. Je découvre ainsi peu à peu la cohésion de leur système de pensée. Les Djiboutiens raisonnent totalement différemment de moi. Leur pensée s'adapte en toute logique à leur milieu.

Cette culture étrange et étrangère exerce sur moi une véritable fascination. Je pose tout le temps des questions à mes élèves sur leur culture, sur les histoires racontées par les anciens. Un lieu sublime et inquiétant revient régulièrement dans les récits. Ce pays minuscule s'est construit autour d'un golfe. Au fond de ce golfe, se dresse le *ghoubbet*, ou plutôt *ghoubbet al Karab*. Cela signifie « gouffre des démons ». Petite mer intérieure avec une passe très étroite, des très forts courants l'agitent. Les vents sont à certains endroits si forts qu'ils pourraient emporter un enfant. La terre noire volcanique accentue cette atmosphère sauvage. Aucune végétation ne parvient à y pousser. Des montagnes et falaises de 600 mètres de haut se dressent tout autour. Au milieu de ce gouffre, deux îles volcaniques comme des dômes noirs, les îles du diable, complètent le décor. Le plus jeune volcan du monde est né ici dans les années 1970, l'Ardoukôba, entre les eaux agitées du *ghoubbet* et le lac Assal. À plus d'une centaine de mètres en dessous du niveau de la mer s'étend en effet ce lac, plus salé que la mer Morte. Sa blancheur contraste avec le noir du *ghoubbet*. Il y règne une chaleur accablante, plus forte que partout ailleurs. Il faut s'essuyer le front continuellement car sinon une sueur chargée de sel dégouline dans les yeux. Elle nous pique alors et nous aveugle. Nous ne pouvons y tenir longtemps. Aucun végétal n'y pousse non plus. Personne ne vit ici. Seuls quelques nomades viennent avec leurs chameaux, récoltent du sel et partent le vendre en Éthiopie. Nicolas, Malo et moi, nous y passons parfois en petit bus pour faire le trajet de Djibouti-ville à Tadjourah. De temps en temps, un ou deux voyageurs arrêtent le chauffeur et descendent. Ils s'enfoncent à pied dans la montagne. J'ai toujours l'impression qu'ils s'engagent dans le désert vers nulle part. Aucune maison, aucune hutte à l'horizon. Ce lieu semble totalement inhospitalier.

Beaucoup de légendes circulent sur cette région. Certains racontent que les eaux du *ghoubbet* abritent des poissons surdimensionnés. Un monstre marin y vivrait d'ailleurs. Il ressemblerait à un requin gigantesque. Les Français expatriés aiment à expliquer que le commandant Cousteau a dirigé une expédition, qu'il a descendu une cage en métal renforcé dans laquelle il avait introduit un chameau mort. La cage serait remontée totalement défoncée et le chameau aurait disparu. Mes élèves rapportent des histoires de femmes aux pieds de chèvre, sortes de diables emportant les voyageurs égarés.

En bonne Européenne, je décide, toujours sous l'impulsion de Danièle, de fabriquer un recueil de ces légendes. Les élèves, chez eux, enquêtent. En classe, en petits groupes, ils mettent par écrit ces histoires. Nous les lisons à voix haute, les corrigeons, les améliorons. Nous sommes assez vite confrontés à un souci : les élèves, pour la plupart, ne sont jamais allés au *ghoubbet*. Ils ne connaissent pas les lieux qu'ils décrivent. Je suis très étonnée de me rendre compte qu'ils ont visité la France et le Canada mais pas leur pays. Difficile pour eux de décrire les lieux dans lesquels ils n'ont jamais mis les pieds. Je décide donc d'organiser une sortie scolaire. D'un point de vue géologique, ce lieu s'avère unique au monde. Cette sortie me semble vraiment intéressante. Je perçois un peu d'inquiétude à cette idée chez mes élèves mais je n'en mesure pas l'ampleur. Une ou deux mamans viennent me voir à la sortie des classes pour vérifier qu'elles ont bien compris ce que leur avait dit leur enfant. L'enseignant n'est jamais remis en question ici, par conséquent je ne perçois pas l'inquiétude dans leur question. Rien ne m'indique leur frayeur, leur opposition à cette sortie scolaire. Le matin du départ, les petits bus bien rangés devant l'école attendent de partir. Ma liste à la main, je procède à l'appel. Dix élèves sont manquants. Ces enfants ne sont habituellement ni en retard ni absents. La sœur directrice, qui est venue assister au départ, me prend alors un peu à part :

— Tes dix absents ne viendront pas ce matin, Agathe.

Je plonge mon regard dans les yeux si bleus de sœur Marie-Dominique. Elle ne cille pas. J'admire cette religieuse. Elle a offert toute sa vie à ce pays, à ces familles. Depuis trente ans, elle écoute les petits secrets et les grandes souffrances. Elle endure le climat si éprouvant de ce pays. Elle a enseigné aux parents de mes élèves, elle les a connus enfants. Elle soutient mon regard en attendant que je l'interroge :

— Les parents vous ont dit quelque chose, ma sœur ? Je comptais appeler les familles avant de partir.

Elle me répond avec affection :

— Oui, les familles sont pétrifiées à l'idée que leur enfant rencontre un diable. Elles n'ont pas osé te le dire. Pars avec ceux qui sont là.

Elle m'a laissée monter mon projet. Elle savait. Elle a eu la délicatesse de ne rien dire. Je lui trouve un petit côté djiboutien malgré sa peau si blanche et son regard si bleu. Elle s'avère elle aussi un peu mystérieuse.

Je ravale ma déception. J'aurais aimé qu'ils viennent tous. Il manque presque un quart de ma classe. Tant pis, nous leur raconterons. Je rassemble ma trentaine d'élèves restant. Je trouve leurs sacs bien gros. J'explique un peu le déroulement du voyage. Nous embarquons. Nous faisons de petits signes aux parents qui nous regardent partir. Sans cesse durant le voyage, les élèves me demandent quand nous arrivons. Au départ, le brouhaha couvre presque le bruit pourtant fort du moteur. À mesure que nous approchons, les conversations s'amenuisent. Les voix se taisent peu à peu et les regards se font plus inquiets. Je les observe du coin de l'œil. Ils serrent leur sac sur leurs genoux. Je me demande bien ce qu'ils ont emporté. Les pique-niques sont dans des glacières. Ils ne devaient prendre qu'une trousse et un petit cahier. J'ai l'impression qu'ils ont pris des livres. Quels livres sont si importants qu'ils les conservent bien près du corps ? Des encyclopédies ? Au bout des deux heures de trajet, les élèves se font totalement silencieux. Je les sens moins enjoués, plus tendus à mesure que nous approchons. Lorsqu'au détour d'un virage, j'aperçois enfin le dôme des Îles du diable, je le montre aux enfants. La chaleur augmente d'un cran encore. Nos fronts dégoulinent à grosses gouttes. Nous sommes arrivés. Les petits bus se rangent doucement sur le côté pour nous permettre d'observer tranquillement. Tout en murmurant des phrases en arabe, les élèves ouvrent alors leur sac et sortent chacun un gros livre qu'ils maintiennent collé contre leur torse.

Ce sont des corans…

Évidemment, nous n'avons pas rencontré de femmes aux pieds de chèvre mais j'ai compris que je devais infiniment respecter la famille, la culture, la religion de mes élèves. Ce nid, cette matrice leur est nécessaire pour grandir en sécurité. Cet entrelacs d'influences est toujours cohérent même si moi, qui suis née dans un autre écrin, ne le comprends pas. Il ne m'est pas essentiel de le décoder mais juste de le respecter. Cette expérience va se graver tout au fond de mon cœur. Nous ne sommes restés que deux ans sur cette terre étrangère et pourtant l'empreinte semble indélébile. Elle va me servir dès mon retour en France.

SAMUEL

Planté au milieu de la cour, un cartable presque aussi grand que lui vissé sur ses épaules, il attend. Il se tient là, tout seul. Je l'ai tout de suite repéré. La plupart des autres enfants sont venus avec un de leurs parents. Le premier jour de septembre offre encore une belle journée d'été. Les arbres de la cour diffusent une ombre bienvenue. Il regarde un peu par-dessus ses lunettes. Il regarde et il observe. La cour s'agite autour de lui. Son regard se pose tour à tour sur le grand avec un sweat à capuche, les deux copines inséparables, même coiffure, même jean moulant, même sac à dos. Il observe aussi les copains du foot. Ils se repèrent facilement avec leur maillot rouge et noir du club : le tout petit un peu nerveux semble raconter une bonne vanne à ses copains. Le garçon handicapé dans son fauteuil roulant a l'air d'attendre, seul lui aussi, fiché au milieu de la cour. La foule se densifie peu à peu et le niveau sonore s'amplifie à mesure. Imperceptiblement, il se met un peu en retrait. Il recule petit à petit pour se caler contre le mur. Il pose ses mains bien à plat contre la paroi de ciment. Un rayon de soleil éclaire doucement son visage. Il ferme un peu les yeux.

Je m'identifie à mon jeune solitaire à lunettes. Un peu seule aussi, j'observe comme lui. J'essaye de percevoir l'ambiance de ce petit collège de campagne. Après deux ans à Djibouti, nous sommes revenus en Bretagne. À regret, je suis rentrée un peu plus vite car Malo semble bizarrement malade. Son cas désarçonne les médecins. J'enchaîne les rendez-vous de spécialistes. Aucun d'entre eux n'offre d'explications à ses vertiges et à ses somnolences. Je l'ai inscrit à l'école primaire du village rural dans lequel nous habitons maintenant. Cette entrée de mon fils aîné en maternelle me ravit. J'aime profondément l'école. Pour moi, ce mot rime avec bonheur, avec lecture, avec évasion, avec joie. J'ai adoré être élève. Malo adorera aussi l'être. Pour le moment, il accuse un peu de retard sur ses pairs au niveau du langage. Je ne doute pas qu'il le rattrapera. Avec deux parents enseignants, il ne peut que réussir à l'école.

Le directeur termine son petit discours sur l'importance du travail et de l'obéissance, et sur les enjeux du collège. Il faut bien travailler pour pouvoir être acteur de son orientation et pour obtenir son brevet des collèges. Il joue sa partition de chef d'établissement le jour de la rentrée. Professeur principal en sixième, j'attends mon tour. Je garde toujours un œil sur mon petit solitaire à lunettes. Il m'occupe l'esprit. J'en oublie que j'ai un peu le trac. Le métier de prof ressemble à celui d'acteur de théâtre. Je sais que l'angoisse disparaîtra dès lors que j'entrerai en scène. Deux classes ont déjà été appelées. Il n'est pas parti, il est toujours adossé contre son mur. Je vais accompagner tout au long de cette année la sixième C. Le directeur me fait un signe de tête. Je me tiens à ses côtés. En trois mots, il me présente. C'est à moi. Je prends la liste dans mes mains. J'égrène les noms en saluant chacun des enfants qui sort de la foule compacte qui est devant moi.

— Coralie Allain.

Une des deux filles inséparables se lève, prend son sac à dos et fait un petit signe à sa copine.

— Samuel Caro.

Mon petit observateur collé contre son mur se redresse et attrape son cartable. Il se rapproche sans entrain et sans sourire. Il se range avec ses nouveaux camarades. Mon Dieu qu'il est triste ! Qu'est-ce qu'il a l'air seul !

— Élodie David.

La copine de Coralie arbore un immense sourire, contrastant avec le visage atone de Samuel. Elle se place immédiatement à côté de son amie. Je termine ma liste. J'empoigne mon cartable et entre dans mes nouveaux murs. Mes élèves me suivent. J'entends les conversations :

— Il paraît que M. Mottais est sympa, j'espère qu'on l'aura. C'est ma sœur qui m'a dit ça.

— J'ai trop adoré mes vacances, dommage qu'on doive retourner en classe

Samuel ne me lâche pas d'une semelle. J'arrive devant la porte de ma classe. Je m'efface pour les laisser passer. Leur nom inscrit sur la table leur indique où s'installer. Samuel est au premier rang juste à côté de Coralie. Chacun sort ses affaires : de nouvelles trousses, des petites gommes rigolotes au parfum de fraise ou de vanille, des pochettes toutes neuves aux images de leurs idoles. J'adore les rentrées. L'odeur du neuf, l'organisation du bureau me procurent une joie profonde. J'ai toujours aimé ça. J'y vois comme un printemps, un recommencement. J'aime cet air de nouveauté qui ouvre tous les possibles. J'aime les nouvelles rencontres.

J'aime ce petit vent de changement, ce futur dans l'air. Les yeux encore pleins de mes souvenirs de Djibouti, je pose un regard neuf sur chacun des élèves qui me sont confiés. La profonde mue de leur passage au collège m'émerveille. Ils sont encore tout petits en sixième, la puberté pointe à peine le bout de son nez, ils m'apportent toute leur enfance. Leur monde est encore teinté de leur tendre innocence. Puis, tout à coup, explose l'adolescence avec ses premiers émois amoureux, le développement fulgurant de l'intelligence et la place essentielle des copains. La bourrasque de vie et d'hormones fait éclater tous les repères. Les années collège représentent un « au milieu du gué » un peu périlleux où tout peut se passer. Cet âge où l'adolescent crie si fort qu'il n'est pas d'accord alors qu'au fond, il n'en est pas si sûr. Ces années où il rêve de s'affranchir de l'adulte dont il a aussi besoin pour se rassurer dans ces premiers pas vers l'autonomie. Moment de tous les excès, de tous les périls, mais qui mène toujours au bout du compte à l'émergence d'un jeune. Moi, grâce à ce métier d'enseignante en collège, j'ai la chance d'assister à cette sortie de chrysalide. Le papillon paraît fragile mais je suis souvent émerveillée de le voir si beau.

Je porte tout cela au cœur et dans l'âme pendant cette première journée de rentrée de Samuel, Coralie et de leurs nouveaux camarades. Je les observe, je les découvre. Je perçois le rôle de chacun dans la classe : le bavard, la discrète, le meneur, le séducteur, le boute-en-train, la scolaire… Je hume déjà un peu l'ambiance de toute l'année le jour de la rentrée. J'ai une petite pensée émue pour mes élèves africains. Eux aussi font leur rentrée en sixième. Eux aussi sont sans doute dans leurs petits souliers. Samuel reste tendu, aux aguets. Il lance des regards un peu apeurés autour de lui. J'ai prévu des petits jeux pour se découvrir et se raconter. Il ne lâche rien. Il va falloir l'apprivoiser, cet enfant, et je sens que cela risque de durer.

Puis les semaines passent, défilent plutôt. Samuel reste seul. Je n'y porte que peu d'attention. Le tourbillon de mes préoccupations m'écarte un peu de lui. Malo inquiète sa maîtresse, elle m'en parle avec les sourcils froncés. Je n'aime pas cela. Je sens de la gravité et de la peur dans ce regard. Les médecins semblent aussi soucieux, inquiets. Nicolas et moi pressentons un problème, grave. Une chape se pose imperceptiblement sur notre Malo. La peur fait son entrée dans notre vie. Cependant je porte en moi une bonne nouvelle : je suis enceinte. Nous attendons un deuxième enfant. Nicolas est aussi ravi que moi. Cette petite vie allège le poids de nos angoisses vis-à-vis de Malo. Toute tournée vers cet être qui s'installe doucement en moi, j'en oublie Samuel. Je ne veille que peu sur lui. Je suis persuadée qu'il va se trouver un copain. J'ai tort. Il s'absente de temps en temps. J'interroge son binôme censé prendre les cours à sa place. Il ne sait pas. Il a tenté de téléphoner mais personne ne répond. Puis Samuel revient. Sans un mot, il reprend les cours. C'est difficile de le faire parler, prendre part au cours. Il marmonne dans sa barbe, il bougonne, la tête un peu rentrée dans ses épaules. Ses cahiers sont correctement tenus. Il a une écriture contractée, comme lui. Mais il rattrape son retard. Il tient à peu près, il s'en sort lors des contrôles. Élève moyen, il ne rencontre visiblement pas de grandes difficultés.

Arrivent le mois de décembre et ses conseils de classe. Les absences de Samuel se régularisent et s'intensifient. Je commence à prendre conscience de son trouble. Il va falloir que nous nous penchions sur son cas. J'insisterai car les élèves dont nous parlons le plus en conseil, ce sont ceux qui gênent le cours. Or Samuel s'évertue à demeurer muet. Toute sa stratégie est basée sur l'évitement. Il s'acharne à demeurer transparent.

Les conseils des 6A et des 6B ont pris du retard. Plusieurs de mes collègues tapotent leur montre. Ils souhaitent rentrer chez eux rapidement. À presque 19 heures, la nuit est installée depuis longtemps. Les jours raccourcissent de plus en plus. Chacun rêve de son petit feu dans la cheminée. Les cols roulés et les manteaux épais nous isolent du froid mais parfois aussi des autres. Les feuilles jaunes et rouges volent au gré des bourrasques. Je pense avec un brin de nostalgie au climat djiboutien. Décembre est là-bas une belle saison où il commence à faire moins chaud. Ce mois augure les sorties en milieu de journée, le soleil tapant moins fort. Ici, au contraire, l'automne nous ramène dans nos maisons.

Le directeur ouvre le grand classeur des bulletins. Son geste, volontairement lent, donne à ce moment un caractère un peu solennel. Coralie et Antoine, mes deux délégués élèves, demeurent bien sages et bien attentifs. Ils ont préparé un petit billet pour résumer l'ambiance de classe. Ils attendent mon feu vert, un peu fébriles. Un parent d'élève est assis à ma droite. Le conseil commence. La première partie m'agace toujours un peu. Nous brossons le portrait de la classe. Nous, les professeurs, attendons que les élèves soient travailleurs, volontaires, participatifs et attentifs. Or nous ne sommes jamais satisfaits. Ils sont soit trop mous, soit trop bavards, soit trop agités. Dans tous les cas, ils ne travaillent pas assez. Bref, nous ouvrons le cahier des doléances. Je trouve souvent cela assez injuste. Les élèves ne se sont pas choisis. Le collège construit les classes. Or, l'alchimie de ce mélange de personnalités engendre toujours une surprise. Ce cocktail, parfois explosif, est difficile à anticiper. L'équipe pédagogique n'en est pas souvent satisfaite. Cette fois-ci le reproche principal semble le bavardage. Je note, les délégués aussi. Le directeur fait la grosse voix face à mes deux petits représentants qui ne sont pourtant pas concernés. Ils sont très sages et scolaires. Je promets de faire un petit sermon à la prochaine heure de vie de classe. Commence maintenant la deuxième phase du conseil : le cas par cas. Nous passons les élèves en revue dans l'ordre alphabétique. Samuel est donc le quatrième sur la liste. Les trois premiers ne posant pas de problème, son cas arrive rapidement. J'annonce tout de suite la couleur :

— Samuel Caro. Je voudrais que nous nous arrêtions sur cet élève car je suis un peu perplexe. Il est souvent seul, renfrogné. C'est difficile de le faire sortir de sa coquille. En outre, il est absent assez régulièrement. La vie scolaire a dénombré trente-trois demi-journées d'absence depuis la rentrée.

Mon regard fait le tour des participants :

— Qu'est-ce qui se passe ? Quelqu'un a des infos ?

Les deux délégués se regardent en silence. Ils se tournent vers la maman d'élève qui semble comprendre. Il me manque un élément et visiblement, il n'y a que moi à ne pas savoir.

Nous sommes en campagne où tout se sait. Je ne suis pas d'ici et je le ressens. Une multitude d'idées me vient à l'esprit: sa mère serait partie ? Ou bien son père ? Il vivrait en famille d'accueil ? Ses parents ne parleraient pas français ? Il y a une histoire là-dessous et je me demande bien laquelle. C'est le directeur qui, levant les yeux au-dessus du classeur, prend la parole :

— Samuel a une situation familiale très particulière. Ses deux parents sont handicapés mentaux. Ils travaillent tous les deux en centre de travail adapté : en Esat.

La mère d'élève acquiesce silencieusement. Le directeur poursuit :

— Son père sait lire et écrire. Il est allé à l'école primaire. Sa mère en revanche n'y est jamais allée. Aucun des deux ne connaît le collège. Samuel est suivi par une équipe de professionnels : le Sessad. Il voit une éducatrice toutes les semaines. Il semblerait que Samuel commence à comprendre que sa famille n'est pas tout à fait comme les autres et c'est assez douloureux. Il vient juste d'avoir un petit frère.

Je suis agacée d'apprendre tout cela trois mois après la rentrée scolaire. Ces informations me sont essentielles pour comprendre et aider Samuel. Ce n'était pas confidentiel au point de me le cacher. J'apprendrai par la suite que souvent, des informations ne sont pas transmises au professeur principal, la plupart du temps par négligence. Un peu sèchement, je demande le numéro de téléphone de l'éducatrice pour pouvoir la joindre ultérieurement et nous passons à l'élève suivant. Aucune décision particulière n'est prise pour aider Samuel. Je ressens de l'amertume. Je me sens un peu nulle aussi. Je n'ai pas beaucoup d'expérience. Ce genre de situation est tout à fait nouveau pour moi. Il faut dégainer vite au conseil. Il aurait fallu que j'anticipe mais comment aurais-je pu alors que je ne savais pas... ?

Le train-train du collège reprend. Les absences de Samuel aussi. Elles se régularisent et se prolongent. J'assiste un matin à son arrivée au collège. Il refuse de s'extraire de la voiture sans permis de son père. Celui-ci le tire rudement. Pas de mots entre eux deux. C'est une sorte de combat silencieux. C'est Samuel qui semble sortir victorieux de ce bras de fer un peu particulier. Le cuistot intervient et, aidé du père, ils parviennent à arracher l'enfant de la voiturette. Le père repart le plus vite possible pendant que le cuisinier ceinture Samuel. De grosses larmes dégoulinent sur les joues du garçon. Il ne crie pas. Sa colère est, elle aussi, silencieuse. Il m'implore des yeux. Je suis prise aux tripes par ces pleurs et cette détresse. Je tente de l'apaiser, de lui dire que l'école, c'est important, qu'il va finir par se faire des copains. Mes mots semblent avoir sur lui l'effet contraire de celui escompté. Il se recroqueville et plaque ses mains sur ses oreilles. Il ne veut pas m'entendre. Il refuse de faire un pas de plus. J'ai cours, la secrétaire prend le relais. Je ne le vois pas en classe ce jour-là. Le lendemain, il ne revient pas. Le surlendemain non plus. Samuel ne réapparaît pas. Sa place près de Coralie demeure désespérément vide. J'appelle l'éducatrice. Elle ne voit plus Samuel non plus. Il ne vient plus à ses rendez-vous. Il faut que j'agisse, sans quoi je vais le perdre. Je sens qu'il faut que j'aille chez lui. C'est à moi d'aller le chercher. Je dois renouer le fil de cette histoire. C'est une sorte d'appel intérieur, je perçois une urgence. Samuel a besoin de moi. Il me convoque silencieusement.

Comme je ne travaille pas le mardi après-midi, je prends mon courage et ma voiture pour me rendre dans un petit village à une dizaine de kilomètres du collège. Une pluie glaciale de décembre me transperce les os. Je ne sais pas trop quelle attitude adopter. J'ai un peu mal au ventre. J'ai un peu peur. Mon bébé me donne un petit coup de pied. Je remercie silencieusement cette petite vie de m'offrir un peu de courage. Je sonne à la porte d'une petite maison de lotissement. Les haies sont taillées, l'allée est propre, les feuilles ont été ramassées. J'espère presque qu'il n'y aura personne. Prête à faire demi-tour, j'entends cependant des pas se rapprocher de l'entrée. Une femme assez jeune m'ouvre la porte. Un peu ronde, elle me sourit tout de suite. C'est drôle, je ne l'avais pas imaginée ainsi. Elle n'a pas l'air handicapée. En tout cas, moins que je ne le pensais. Je me rends compte que je n'y connais rien, en handicap mental. Ce monde m'est totalement étranger. Je me présente. Elle ne semble pas surprise de me voir arriver chez elle. Elle est naturelle. Elle a même l'air assez contente. Son attitude me met à l'aise. Elle respire la gentillesse, cette maman. Elle parle un peu fort :

— Samuel, c'est ton professeur.

Elle me fait entrer dans le couloir et me conduit dans la pièce principale. La maison est bien tenue. Elle me montre les affaires de classe de son fils. Celles-ci sont bien en ordre :

— Je ne comprends pas pourquoi il ne veut pas aller au collège, Samuel. On lui a tout acheté.

Du doigt, elle désigne toutes les fournitures :

— Il a même un dictionnaire ! Moi, je ne sais pas lire. Mais l'éducatrice m'a dit que c'était important. Elle m'a aidée à faire les courses pour que Samuel, il ait tout ce qu'il faut...

Samuel ne dit rien. Il se tient un peu en retrait. Il m'observe par-dessus ses lunettes. Je perçois, dans son silence, l'énorme décalage entre la réalité familiale de Samuel et ce qu'il vit au collège. Torturé par un conflit de loyauté, il est en train de dépasser le niveau scolaire de ses parents. Il s'aperçoit que ses parents sont handicapés mentaux et que lui ne l'est pas. Ne le regrette-t-il pas parfois ? Il sait qu'en progressant au collège, il va devenir un peu étranger au monde de ses parents. Samuel, qui m'observe depuis un coin de la pièce, me lance des regards un peu effarouchés. Je ne veux pas le mettre mal à l'aise. Je pose alors quelques questions sur le petit frère. La maman me répond qu'il a cinq mois et qu'il se porte bien. Mais, ajoute-t-elle en me montrant de la main le plafond :

— Voulez-vous le voir ? Il est là-haut. Il est dans son bain...

Elle monte alors devant moi et je découvre, seul dans sa baignoire, un beau petit bébé grassouillet barbotant dans son transat de bain. Cela faisait presqu'un quart d'heure que nous discutions... Je me garde bien de faire une remarque mais je propose qu'elle reste auprès de son bébé pendant que Samuel me raccompagne. Lorsque celui-ci me salue, je sens que j'ai réussi. Son regard accroche enfin le mien. Un léger sourire affleure à ses lèvres. J'ai noué un petit lien entre sa famille et le collège. Le fil est fragile et ténu. Il va falloir être délicate. Je lis dans les yeux de mon élève comme un remerciement. Je crois que j'ai entendu sa souffrance. J'ai saisi une touche de sa douleur de ne pas être comme les autres.

L'histoire de Samuel est un peu prémonitoire. C'est lui qui va me mener vers le monde du handicap mental. Par petites touches, il va me dévoiler tout un univers. Sans un mot, par un langage de regards et de sourires, nous allons construire tous les deux un petit pont, une sorte de passerelle entre mon monde et le sien. Lui, seul, devra franchir cette passerelle pour y laisser le monde de ses parents. Moi, je ne le sais pas encore, mais je prendrai aussi cette passerelle pour entrer dans le monde de Malo.

Bon an mal an, Samuel va poursuivre son année de sixième. Nos relations vont se tresser doucement. Ce n'est pas une victoire éclatante mais une petite réussite qui donne sens à ce métier d'enseignante. Jamais je n'oublierai Samuel. Il m'a fait grandir, il m'a ouvert les yeux. Ce ne sont ni les vacances ni la sécurité de l'emploi qui me font aimer ce métier de professeur mais des élèves comme lui. C'est aussi le jeu de relations, complexes, intenses, tissées jour après jour avec les adolescents. Des relations drôles, légères, surprenantes mais aussi lourdes, denses et troublantes. Mon cœur se laisse peu à peu transformer par toutes ces rencontres. Ce qu'il perd en légèreté et en insouciance, il le gagne en attention, en empathie. Mais je reste encore bien innocente et peu critique du système. Tout me semble encore tout à fait normal. Je continue à reproduire un modèle que je ne remets pas en cause.

CASSANDRA ET NOÉ

Un vase de cuivre à long col trône sur mon bureau. Il est haut d'environ quarante centimètres et le soleil fait chatoyer sa gravure : un bouquet de roses et une date : 25 juillet 1916. Une citation de Clemenceau est inscrite au tableau :

« Il n'y a qu'une façon d'échouer, c'est d'abandonner avant d'avoir réussi. »

Les élèves entrent dans la classe en poursuivant leurs discussions. Ils s'installent. Je les observe, je les attends. Toujours dans mon collège de campagne, je commence à accumuler un peu d'expérience. Je ne m'agace plus au premier bavardage ou au défaut d'attention d'un élève. Je commence à comprendre que l'adolescent n'arrive pas dans mon cours telle une page blanche. Il vit aussi d'autres émotions avec ses copains, ses profs, sa famille. J'apprends peu à peu la patience. J'apprends aussi à connaître chaque classe, à comprendre que chaque groupe réagit différemment. Je commence à réussir à m'adapter. Je prends aussi un peu de recul : je suis désormais maman de trois enfants qui m'occupent bien. Le bruit domine pour le moment mais petit à petit le calme le supplante. Sacha, au fond près de la fenêtre, ne l'a pas encore perçu. Je ne me précipite pas. Il va le remarquer. J'attends calmement et patiemment. Sa voisine lui donne un petit coup de coude. Je prends le vase dans les mains, je le manipule, je le fais pivoter entre mes doigts. Les trente paires d'yeux passent de l'objet à mon visage. Je les sens présents. J'annonce en désignant l'objet :

— Ceci est un objet de la Première Guerre mondiale. C'est un obus décoré par un poilu. Avez-vous déjà vu des objets ressemblant à celui-ci chez vous ? Ou chez vos grands-parents ?

Mes troisièmes attendent ce cours. La Première Guerre leur parle. Ils la sentent proche. Ils m'écoutent facilement. Nul besoin de les reprendre. Je les accroche sans peine, ils sont prêts à partir avec moi. Mais auparavant, ils vont devoir partir en chasse. Ils vont fouiller dans les greniers et dans les souvenirs de famille à la recherche d'objets comme mon vase : obus décorés par leur aïeul ou gamelles. C'est l'occasion d'interroger les ascendants. Le cours sort alors de la classe. Certains élèves reviennent en sortant un objet de leur cartable : la médaille militaire de la guerre d'Algérie ou un casque de la Seconde Guerre mondiale. Nous redonnons à chaque objet sa place dans l'histoire. Cela permet de mesurer l'échelle du temps qui passe. La guerre d'Algérie, c'est leur grand-père. La Seconde Guerre mondiale, plutôt leurs arrière-grands-parents. Je fais souvent de belles découvertes. La grand-mère d'Erwan a retrouvé un journal de bord. C'est un carnet de poilu. Il s'agit du trisaïeul de mon élève. Il est d'accord pour que je le lise à voix haute en classe. Je feuillette ces pages avec précaution : quelle beauté d'écriture ! La classe attend, haletante, la suite du feuilleton cours après cours. C'est la petite gâterie de la fin de l'heure. Nous nous gardons dix minutes.

Le silence et la qualité de leur écoute sont quasi religieux. Je découvre avec eux une belle histoire d'amour, la peur de monter au front, les conditions de vie austères des tranchées. Cela semble proche et lointain. Ces hommes étaient solides, capables d'endurer le froid, les rats, la faim, la boue. En serions-nous capables aujourd'hui ? Mais en même temps, l'amour d'une jolie fiancée ou la peine de voir un camarade tomber nous rendent ces hommes si proches. C'est comme un plongeon dans l'histoire. Il arrive toutefois que l'objet soit pour le moins surprenant :

— Madame de Miniac, ma grand-mère m'a confié cette petite boîte, cela appartenait à son père. Il a été blessé lors de la bataille de Verdun. Faites gaffe, c'est fragile.

La petite boîte m'intrigue. Ressemblant à l'écrin d'une bague, recouverte d'un vieux tissu matelassé, elle semble ancienne. Je l'ouvre. Un petit morceau de coton cache le précieux objet. Ce genre d'étoupe très douce que l'on retrouve dans les greniers, qui protège des petits bibelots transmis de génération en génération. Précautionneusement, je soulève la ouate. Ce que j'entrevois me fait sursauter. Je repose vivement l'écrin. Dégoûtée et inquiète, je relève les yeux vers mon élève :

— Qu'est-ce que c'est que ce truc ?

Hilare, tout comme ses copains qui étaient au courant :

— C'est l'œil de verre de mon arrière-grand-père, il était gueule cassée...

J'ai bien cru que c'était un vrai ! Rassurée par sa réponse, je reprends la boîte et scrute le globe de porcelaine... Je n'ose quand même pas le toucher :

— C'est hyper bien fait… Un travail d'artiste.

Lorsque je relève la tête, je m'aperçois que toute la classe a quitté sa place, à la fois fascinée et rebutée. L'horreur des combats, les blessures de guerre, les gueules cassés, ils s'en souviendront… et moi aussi !

Pour ce cours, je les fais également sortir du collège : le monument aux morts est une visite incontournable. Le collège est à côté de la place du marché où trône cet édifice devant lequel ils étaient souvent passés sans même lui porter un regard. Ils n'avaient pas remarqué que l'enclos était construit à partir d'obus. Ils comptent les morts classés par année. Plus de trente morts en 1916 et en 1917. En tout, près d'une centaine. Ça fait beaucoup pour un petit village. La statue de poilu regarde l'église sise juste en face. Nous y faisons aussi un saut. Ils n'avaient pas non plus remarqué ces plaques avec tous ces patronymes. Ils découvrent leur nom de famille et ceux de leurs copains. Je réalise avec eux que leur histoire est inscrite sur cette terre, beaucoup de noms sont les mêmes que les leurs. Pourtant, ils semblent ignorer les drames subis par leur lignée.

— Eh Madame, venez voir…

Cassandra est venue me tirer par le bras en chuchotant dans l'église. Elle me montre du doigt une plaque avec des noms :

— Boscher… c'est comme le prof de musique…

Mon collègue fait figure d'antiquité dans le collège. Il a enseigné aux parents de mes élèves. Ils connaissent tous ses petits tics de langage. Ils en font des blagues en famille. Il a été lui-même élève dans ce collège. Bref, il semble en cet endroit depuis toujours. Personne ne se souvient du collège sans M. Boscher. Il est un peu rustre, pas très drôle. Ses cours semblent aussi vieux que lui, consignés sur un cahier à spirale hors d'âge. Même sa coiffure, sorte de coupe au bol, proche de la tonsure, paraît antédiluvienne. Moi-même, lorsque je m'adresse à lui dans la salle des professeurs, je peine à le tutoyer. Il me raconte des anecdotes qui datent non pas de l'ancien directeur mais de celui d'avant, du temps où le collège était sous la tutelle d'une congrégation religieuse. Du temps du « frère directeur », comme il aime à le faire remarquer. Les parents de mes élèves ont gardé ses cours : ils n'ont pas changé d'une virgule. Les élèves malins révisent les évaluations qui demeurent identiques depuis trente ou quarante ans. Bref, Marcel Boscher est une sorte d'institution, un gardien de la mémoire de l'établissement, une allégorie de l'immobilité. Avec un sourire en coin, je réponds à ma gentille petite élève :

— Oui, Boscher, c'est un nom assez commun par ici.

— Vous croyez que c'est son frère ? C'est triste de penser qu'il ait perdu quelqu'un de sa famille pendant la Première Guerre mondiale. Pauvre M. Boscher.

Je lis une soudaine compassion dans les yeux et la voix de Cassandra. J'en suis attendrie… La plupart du temps, lorsqu'ils parlent de mon collègue, c'est pour s'en moquer. Elle ajoute, après un temps de silence, des petites étincelles dans les yeux :

— Il n'aurait pas fait la Première Guerre mondiale M. Boscher ? On ne pourrait pas lui demander de témoigner ? Ce serait drôlement intéressant…

D'antiquité, mon collègue est passé en trois phrases à dinosaure, il a pris trente ans en dix secondes… Je suis prise d'un rire convulsif et silencieux à l'intérieur de l'église. Je tente de le retenir. J'avais bien précisé à mes élèves de conserver respect et dignité dans ce lieu. Mais imaginer mon collègue en tenue bleu horizon, avec un casque sur la tête, me provoque des spasmes de rire. Cassandra sourit d'abord mais mon rire est communicatif, elle rit avec moi sans comprendre vraiment pourquoi…

C'est souvent drôle d'être prof. Les élèves sortent parfois des énormités qui sont irrésistibles. J'ai appris par exemple que la capitale de la Suède était Ikea. Le général de Gaulle serait arrivé à Londres le 18 juin avec sa pelle. Le plus grand navigateur de l'histoire s'appellerait Google. Enfin, le naturisme permettrait d'obtenir la nationalité française.

Mais l'adolescent est surtout très drôle car il est capable de poser un regard assez décapant sur le monde du collège et sur ses enseignants.

Ce matin-là, je suis venue en classe avec une veste polaire bleu pétrole, de couleur pétante et de coupe peu esthétique. D'habitude, je fais attention. Je trouve important de leur offrir l'image d'une professeure un peu apprêtée. Mais j'étais en retard ce matin. Je n'ai rien trouvé d'autre à me mettre. Ce bleu jure avec le chemisier vert d'eau qui est en dessous. Je n'y pense plus lorsque je passe dans les rangs pour vérifier les cartes de géographie que les élèves devaient finir de compléter. Le travail est effectué dans l'ensemble. Je fais une petite remarque à l'un ou à l'autre en passant. Celle de Tugdual est presque totalement complète. Il a simplement omis de colorier les mers en bleu. Je le lui fais remarquer :

— Il faut tout colorier, Tugdual. Il ne doit pas rester de blanc sur une carte, c'est important que tu ne laisses rien.

Tugdual arbore alors un petit sourire taquin :

— Je n'avais pas de joli bleu, Madame. J'aurais voulu un bleu exactement de la même teinte que votre veste... Mais je n'en ai pas trouvé. J'ai préféré ne pas colorier...

Il me sourit alors largement, découvrant ses dents appareillées. Il est content de lui. Son voisin me regarde en se demandant comment je vais réagir. Il n'aurait jamais osé faire une remarque sur la couleur de la veste d'un enseignant. Tugdual prend un risque. L'adolescent aime à jouer avec le feu. Moi, je trouve sa remarque assez fine et ma veste assez moche. Je me redresse, je rends son sourire à mon humoriste, remonte ma fermeture Éclair d'un geste décidé :

— Tu as raison, cette couleur est unique.

Je poursuis ensuite ma tournée des cartes. Demain, je mettrai une autre veste...

Le climat en classe n'est pourtant pas toujours léger. Chacun arrive avec son histoire. Les cartables sont parfois bien lourds. Ma gentille petite Cassandra a, l'année dernière, enterré son père. Agriculteur en grande difficulté, il a mis fin à ses jours dans la grange. C'est elle qui l'a trouvé. Il n'était pas rentré pour le dîner. J'imagine la mère de Cassandra s'inquiéter en voyant l'heure et la place de son mari vide. J'imagine mon élève partir à sa recherche avec son grand frère et sa petite sœur. J'imagine le cri qu'elle a dû pousser en entrant dans la grange. J'imagine le froid glacial qui est entré soudainement dans son âme. L'enfance qui s'en va, tout d'un coup, brutalement et douloureusement. Le malheur qui entre sans crier gare, tel un voleur, lui arrachant son innocence. Pourtant Cassandra poursuit sa vie d'ado avec sa joie de vivre de jeune. Je l'admire pour cette capacité à garder le sourire malgré la tristesse qui doit parfois envahir toute la famille. Elle traîne toutefois une petite mélancolie. Il va falloir qu'elle se construise avec cela. Le suicide est ici un fléau, il est régulier et je me demande si, parfois, il n'est pas contagieux.

Noé quant à lui a-t-il connu une enfance légère ? A-t-il été un bambin innocent, insouciant, joyeux, heureux ? Il vit avec son grand-père. Sa mère est tombée enceinte de lui très jeune. Elle avait à peine dix-huit ans. Les grands-parents ont élevé ce petit gars. La mère est partie vivre en Allemagne avec un nouveau conjoint. Noé a eu un petit frère qu'il ne voit jamais. Puis lorsqu'il est entré au collège, les grands-parents ont divorcé. Il vit en alternance chez son grand-père et chez sa grand-mère. Il ne voit sa mère qu'une fois par an, pendant quinze jours. Noé est un ado instable, incontrôlable. Il se défie énormément de l'adulte, ne lui fait pas confiance. Il est violent et agressif. Il dissimule souvent la vérité. Il fait bêtise sur bêtise. C'est une tête brûlée que rien n'arrête. Tout est un défi pour que les adultes s'occupent de lui. Le grand-père est fatigué et totalement dépassé. Les élèves de la classe sont à la fois excédés et admiratifs de sa fougue. Je suis, comme mes collègues, impuissante. Je ne trouve aucune prise, aucune accroche. Noé ne semble s'intéresser à rien, en tout cas à rien de scolaire. Il oublie son cahier un cours sur deux, n'a jamais qu'un seul crayon pour écrire. La cadre de vie scolaire fait elle aussi ce qu'elle peut. Il est bien souvent appelé dans son bureau, ou plutôt devant. C'est là qu'il attend pendant des heures, exclu du cours d'une prof excédée.

Noé, Cassandra ou Samuel, vous avez dû grandir un peu trop vite. Votre insouciance et votre innocence se sont évaporées prématurément. Pourtant, il suffit parfois de trois fois rien pour rallumer la braise sous la cendre. Vous avez encore envie de vous amuser : je vais découvrir que le jeu est un levier incroyable. Il distrait, il divertit, il insuffle de la vie.

TANIA

Tania court vers le bois. Elle a une carte à la main. Le reste de son équipe la suit difficilement. Ses yeux pétillent. Elle a décodé l'indice. Elle est passée tout à côté tout à l'heure. Ses longues jambes l'entraînent rapidement vers son but. J'aperçois Samuel, rouge et haletant, qui traîne un peu la patte. Ses lunettes sont pleines de buée. Il la hèle :

— Tania, attends-nous !

Mais Tania n'entend rien, prise par le jeu, elle court. Elle sent la pulsation du sang dans ses veines battre dans ses tempes. Elle rit, elle fonce. Elle ne pense qu'à trouver le message.

Quel bel après-midi ! Je respire à fond l'air un peu frais. Le printemps commence à montrer le bout de ses feuilles. Le vert tendre des jeunes pousses affleure au bout des branches. Une odeur de feuilles, d'humus, de terre me connecte à la forêt. Mes pieds font voler le tapis de feuilles mortes. Qu'il fait bon être dehors. J'en profite autant que mes élèves. Je m'amuse de surprendre Tania si concentrée. Ce jeu de piste sur la découverte du patrimoine de leur commune rurale fonctionne à merveille. Jamais je ne l'ai vue ainsi en classe. Elle est le plus souvent avachie sur sa table, le regard déjà ennuyé du cours qui va commencer. Son regard ainsi allumé me procure une joie profonde. Il faudra recommencer, régulièrement. Elle apprendra ainsi, peu à peu, l'esprit d'équipe.

Sortir des murs du collège : des années de scoutisme m'ont appris l'école de la nature. La forêt, les oiseaux, les champs instruisent les enfants mieux que le meilleur des professeurs. Il est si rare de pouvoir offrir ainsi un bol d'air aux élèves. Ils vivent quatre années emmurés dans leur collège. Rien pourtant ne nous interdit de sortir. Dehors, leur enthousiasme est contagieux. Courir, escalader, descendre des pentes rapides soumet leur corps à une discipline. Ils se concentrent sur leurs gestes, sur leurs mouvements. Leur esprit adore cela, le cerveau ainsi oxygéné fonctionne beaucoup mieux. Leur intelligence développe des capacités de jongleur et d'acrobate. Corps et âme retrouvent une certaine unité. Pourquoi cette évidence a-t-elle été oubliée au collège ? Quand j'entre parfois dans une salle de classe, il arrive que je me sente oppressée par la chaleur et le manque d'oxygène. Je ressens comme une asphyxie. Je demande alors d'ouvrir toutes les fenêtres pendant que j'emmène tout le groupe dehors. Ils courent pendant dix minutes. J'invente n'importe quel petit jeu qui les oblige à faire circuler le sang dans tout leur corps. Faire pomper le cœur pour que le cerveau reçoive une bonne dose d'oxygène. Nous revenons ensuite en classe. Le cours se déroule souvent assez bien. Les questions fusent. Corps et esprit se sont reconnectés. Je n'ai pas perdu dix minutes de cours, bien au contraire.

Ce que j'ai aussi appris du scoutisme, c'est l'intérêt du jeu. Il permet d'apprendre facilement et naturellement. L'enfant, lorsqu'il joue, apprend à une vitesse prodigieuse. L'âge du collège est celui où l'adolescent a un besoin vital de ses pairs. Tout son être l'appelle vers ses camarades. La lutte est parfois inégale entre le professeur et ses élèves. Je lutte moi-même contre les bavardages, les petits mots que les élèves s'envoient, les petits sourires de connivence. Cette lutte est vaine. L'adolescent finit toujours par gagner comme la mer qui remonte inexorablement. Le jeu renverse tout. Il permet justement toutes ces connexions, toutes ces relations. Il permet à l'adolescent de répondre à ce besoin profond de vie en société.

Tout est bon pour transformer une heure de cours en une heure de jeu. J'ai commencé par fabriquer des jeux de sept familles pour mémoriser les dates importantes. Puis, il m'est venu l'idée, pendant un cours de quatrième, de venir avec des Kapla en classe. Ma consigne était de construire des citadelles Vauban. Les images des places fortes défilaient sur le vidéo-projecteur. Par équipes, les élèves devaient les reproduire. C'était assez drôle de remarquer que telle élève si scolaire et si studieuse était assez maladroite avec ses mains. Tandis qu'une autre, moins en réussite habituellement, empilait avec délicatesse les petites plaques de bois.

Mais je crois que le summum de la jouabilité, c'est le Times' Up. La première fois que je l'ai introduit en classe, c'était lors d'un cours sur la Révolution française. Je souhaitais que mes élèves engrangent des dates, des lieux et des personnages de référence. Il me semblait utile qu'ils comprennent le chapitre avec un peu d'épaisseur historique.

Je fabrique donc un livret d'une cinquantaine de ces références. Pendant plusieurs cours, les élèves doivent compléter ce livret et le mémoriser pour pouvoir jouer ensuite. Les élèves sont au taquet. Certains même le remplissent à la maison sans que je l'aie demandé. Les parents sont très amusés de cet engouement nouveau pour l'histoire. Puis, le jour J, nous prenons nos chaises pour jouer dehors. Je sais déjà que la séance va être bruyante. Nous avions décidé auparavant de faire un tournoi. Quatre équipes sont constituées. Je redonne les règles du jeu. Il y a trois manches. Pendant la première manche, celui qui fait deviner les mots utilise tout le vocabulaire qu'il souhaite sauf des mots de la même famille. Deuxième manche, il n'a droit qu'à un seul mot. Troisième manche, il effectue un mime.

C'est parti. Les deux groupes commencent à jouer. Le niveau sonore augmente rapidement. Mes quatrièmes entrent dans le jeu facilement. Je tourne autour d'eux, les observe, redis un élément de la règle du jeu au besoin. Ils s'amusent visiblement beaucoup. Ils sortent des explications qui me semblent saugrenues à la première manche. Les mots commencent à être mémorisés : « Camille Desmoulins », « Robespierre », « Louis XVI », « serment du Jeu de paume » sont hurlés dans l'ivresse du jeu. Fin de la première manche. Premier décompte. Les équipes victorieuses jubilent, les autres se serrent les coudes pour emporter la deuxième manche. Mon attention redouble : c'est en effet maintenant que je vais savoir ce qu'ils ont retenu. C'est assez drôle :

— Tête.

— Louis XVI !

Pour le moment, le jeu se déroule comme je l'avais prévu. Mais je m'étonne de certaines associations d'idées :

— Farine.

— Camille Desmoulins !

J'aurais préféré « journaliste », « bégaiement », « montagnard »…

Mais ma surprise est grande quand, au lieu de « justice », « avocat », « orateur », « gueule », j'entends…

— Cul.

— Danton !

Je ne l'avais pas vue venir, celle-là. Elle en fera rire plus d'un lorsque je la raconterai. L'élève est et restera toujours imprévisible. C'est d'ailleurs ça qui fait la saveur du métier. Jamais je ne maîtriserai les reparties et les fous rires. Je ne suis pas maître de l'adolescent. Il m'intrigue, il m'échappe. Il me déplace. Pour le moment, c'est toujours resté dans le domaine du rire, de l'humour et de la joie. Je vais apprendre à mes dépens que je ne peux pas tout dire, tout faire. Je vais me cogner à mes limites.

GERMAIN

Fin d'année scolaire. J'ai changé de collège. Les difficultés de Malo nous ont amenés à déménager. J'enseigne dans un plus gros établissement d'une ville moyenne. Nous avons maintenant quatre enfants. Les troisièmes révisent pour l'écrit du brevet. Je suis assez fière d'avoir réussi à boucler le programme avec quelques semaines d'avance. Les élèves se sont répartis en petits groupes. Les uns font des QCM, les autres des fiches de révisions et un autre groupe révise ses repères. Je navigue de groupe en groupe. J'écoute, je questionne, je relance. Sofia lève la main. Elle mémorise les dates à connaître.

— Je ne comprends pas, Madame, vous avez dû faire une erreur. Pourquoi sur votre fiche il y a deux armistices ? C'est laquelle qu'il faut apprendre ?

Je la regarde, un peu interdite. Un doute énorme s'instille dans mon cerveau. Après un petit temps de silence, j'ose prononcer la phrase qui me brûle les lèvres :

— … Mais Sofia, s'il y a deux armistices à connaître, c'est parce qu'il y a deux guerres. La Première et la Deuxième Guerre mondiale…

Sofia me regarde la bouche ouverte. Étonnée, elle m'interroge :

— Il y a deux guerres ?

Le groupe éclate de rire. Sofia s'aperçoit alors qu'elle a sorti une grosse boulette. Elle le sait bien, qu'il y a deux guerres. C'est en tout cas ce que j'espère. Je me moque gentiment d'elle. À la récréation, la gaffe fait le tour des troisièmes. Je la raconte aussi dans la salle des professeurs. Tout le monde rit bien de l'ignorance de Sofia. En quelques heures, l'histoire est amplifiée et déformée. Sofia passe vraiment pour une ignare.

Que ressent mon élève ? Du rire à la moquerie, il n'y a qu'un infime espace. L'histoire tourne en boucle. Elle est reprise sur les réseaux sociaux. Elle fait le buzz à l'échelle du collège. On va la resservir à toutes les sauces à mon écervelée. Il faut qu'elle soit solide, cette enfant, car le groupe est sans pitié. J'ai moi-même ma part de responsabilité. Je peux jouer le rôle de modérateur ou d'amplificateur. On a beau dire, la prof, on l'écoute. Je ne sais pas comment Sofia ressent tout cela. Cette anecdote n'est pas isolée. Elles sont nombreuses, les railleries circulant sur les téléphones de nos élèves qui partent d'un bon mot ou d'un petit événement qui se sont déroulés en classe. J'en ignore la grande majorité. Je peux, d'un geste, d'un sourire, d'un mot condamner un élève à subir des moqueries ou des insultes. La plupart du temps sans que j'en aie conscience. Internet et les réseaux sont parfois une dramatique caisse de résonance. Ils poursuivent les ados en dehors de la classe, en dehors du collège. Il n'y a pas de répit. C'est un véritable danger pour l'enfant.

Il arrive cependant que je me moque sciemment de l'élève, passant volontairement du rire au sarcasme. Je suis un jour passée à deux doigts qu'un élève me frappe. Il s'appelait Germain et il était aussi en troisième. Je le vois encore, tout blanc de rage, les mains serrées sur sa table, prêt à fondre sur moi. Debout, il se tient à peine à un mètre, il plante ses yeux dans les miens et me lance d'une voix blanche, légèrement tremblante :

— Je vais vous frapper, Madame, vous n'avez pas le droit de dire ça...

Il est hors de lui. Tout son corps est tendu, serré. La fenêtre à côté de lui est grande ouverte. Le collège donne sur les champs. Il fait beau. Il attrape alors sa chaise et la jette par la fenêtre. Sa colère monte encore d'un cran. Il s'approche tout près de moi, les lèvres pincées et les sourcils rapprochés. La classe le regarde, comme moi, pétrifiée. J'ai déclenché sa colère. Je sais très bien pourquoi. J'ai rendu les copies et il n'avait pas réussi. J'ai bien fait remarquer qu'il était le dernier de la classe. J'ai bien souligné en regardant son maillot de foot que ce n'était pas la peine de rêver. Qu'il ne serait jamais joueur de foot professionnel et qu'il ferait mieux de travailler en classe, que son frère avait lui aussi ce rêve et qu'il avait échoué. C'est ça qui l'a rendu fou, Germain. C'est l'allusion à son frère. Toute la famille vit pour le foot. Mon élève se lève foot, il s'habille foot, il pense foot. Il ne vit que par le foot. Je crois qu'il est assez bon dans son club. Je l'ai humilié devant ses camarades, j'ai dit sa note à voix haute, j'ai critiqué le moteur de sa vie et j'ai touché à sa famille.

Je ne suis pas de taille à lutter. Il est plus grand, plus fort que moi. Sa colère décuplera sa force. Je n'ai d'ailleurs pas envie de me battre. Je regrette déjà ces mots. Je ne lui oppose aucune résistance, les bras le long du corps ; mes yeux plantés dans les siens, d'une voix tout juste audible par lui :

— Vas-y Germain, frappe-moi, je ne me défendrai pas…

Il se fige, me fixant toujours ; les poings toujours serrés. Il s'approche de mon bureau. D'un geste de la main, il balaye tout ce qui s'y trouve. Feuilles, trousses, cahiers volent, emportés par la bourrasque de Germain. Je ne bouge toujours pas. Germain se retourne, regarde la classe qui l'observe, silencieuse et immobile. Le temps est suspendu. En quatre enjambées, il remonte l'allée, parvient au fond de la classe, se retourne et hurle :

— Collège de merde ! Prof de merde !

Il disparaît ensuite dans les couloirs. Je m'écroule sur ma chaise. Mon cœur bat la chamade, je suis en sueur. Je reste bouche bée quelques instants, le temps que je reprenne mes esprits. Je suis surprise de la réaction de Germain, je pensais qu'il pouvait encaisser. Je croyais que cela ne lui ferait rien. Pourquoi l'ai-je dit, alors ? Avais-je le droit de le remettre ainsi en question ? De juger sa passion ? De faire des remarques sur sa famille ?

Ma carapace d'innocence et d'insouciance se fendille et c'est Marion qui va la faire éclater…

MARION

Assez grande, des tâches de rousseur criblant son visage lui donnent un charme certain. Marion est vive, énergique même. Bien insérée dans le groupe, elle a plein d'amis. Sa classe de troisième nous donne d'ailleurs du fil à retordre. Les élèves débordent d'énergie. J'en suis le professeur principal. Les élèves ont visiblement plus envie de s'amuser, de vivre de belles relations entre eux que de performer sur le plan purement scolaire. Pour ma part, cela se passe plutôt bien quoique je doive régulièrement arrêter l'exercice ou le cours, reprendre l'un ou l'autre, remettre parfois les choses au point. Mais je sens une empathie dans cette classe. Je sens qu'ils m'aiment bien.

Deux mois se sont écoulés depuis la rentrée. Ce soir nous entamons les vacances de la Toussaint. Le cross du collège donne une atmosphère de liesse et surexcite toutes les classes. Cette course réjouit beaucoup les élèves. Elle permet un relâchement du règlement : autrement dit, le bazar règne un peu le temps d'un après-midi. Niveau par niveau, filles et garçons séparés, les courses se succèdent. Sur le bord du terrain, les collégiens acclament leurs copains. Ils crient, ils chahutent. Certains s'isolent dans les bosquets. Souvent, les lycéens viennent aussi se mêler à cette atmosphère joyeuse. Anciens collégiens, ils gardent une petite nostalgie de ce rituel après-midi sportif. À la fin de la journée, les élèves sont regroupés par classe. Certains ramassent les papiers sur le stade tandis que d'autres rangent les barrières. Les professeurs, les surveillants essayent de faire asseoir par terre l'intégralité des élèves. Le directeur, juché sur un petit monticule, tente de donner les résultats des différentes courses. Les élèves bougent, s'invectivent, se bousculent. Régulièrement, les adultes s'évertuent à raisonner les adolescents. Peine perdue, ils sont déjà en vacances.

Le dernier classement annonce quelles sont les classes victorieuses. La mienne n'a pas gagné, elle obtient la deuxième place. Je sens que les élèves sont un peu déçus. Le directeur donne alors le signal de départ. Dans un brouhaha incroyable, plusieurs centaines de collégiens se lèvent, courent, se regroupent autour de leur professeur principal. Je retrouve ma classe bien énervée. Je mets du temps à rassembler ma petite troupe. Le bruit ambiant est tel que je hurle l'appel. Lorsqu'il manque un élève, tous les autres se mettent à crier son nom. Nous sommes les derniers à repartir. La classe s'étire un peu. Je reste avec quelques élèves. Tous les autres sont loin devant. Le petit groupe longe l'école de mes filles. Les quelques jeunes qui m'entourent me demandent si mes enfants sont dans cette école. Je réponds par l'affirmative. Ils m'interrogent sur les prénoms de mes enfants. Sans méfiance, je les donne. Dans l'excitation générale, comme ils ont hurlé le nom de leurs copains auparavant, ils se mettent alors crier :

— Inès, Jeanne, votre maman est ici. Coucou ! Inès !

Tout le petit groupe autour de moi appelle. Une dizaine de voix fortes d'ados atteignent l'école toute proche. J'ai peur que mes filles entendent. J'ai peur qu'elles aient honte. Mais qu'est-ce qui leur prend ? Je sens que je perds totalement le contrôle du groupe. Je ne me rends pas compte que je perds aussi mon propre contrôle. Je pense à mes filles et à leur réaction. Je vois alors tout à coup rouge. La panique s'empare de moi. Il faut qu'ils se taisent, tout de suite, immédiatement. Je me mets à crier :

— Arrêtez, taisez-vous ! Je ne veux pas, ne les dérangez pas !

Il faut qu'ils arrêtent. Dans le brouhaha général, m'ont-ils entendue ? Je ne sais pas. La colère s'empare de moi. Je ne contrôle plus rien. C'est comme une vague qui monte et que je ne peux pas retenir. Mon cœur s'accélère, les paumes de mes mains transpirent. Je hurle. Je suis hors de moi. Marion, à mes côtés, ne perçoit pas du tout l'état d'agitation dans lequel cette situation me met. Elle continue à crier, prise dans l'ivresse du groupe :

— Inès, Jeanne !

Je commets alors un geste que je ne me pardonne pas encore aujourd'hui. Je la gifle, violemment. Elle me regarde, interloquée, la main sur sa joue rouge. Elle ne comprend pas ce qui lui arrive. Elle me sonde. Elle tente de prendre la mesure de ce qui se passe. L'excitation retombe alors d'un seul coup et je sens le regard de tout le groupe sur moi. Je prends alors conscience de la gravité de mon geste. Qu'ai-je fait ? Je ne me souviens ensuite plus de rien. Je ne sais pas si j'ai dit quelque chose, si je suis restée encore rouge et agitée. Sans doute avons-nous poursuivi notre chemin et avons-nous rejoint le collège. Sans doute ai-je laissé la classe partir en vacances. Je me vois seulement frapper à la porte du CPE et lui raconter honteusement cette scène. Il m'écoute calmement. Il ne me condamne pas. Il ne me fait pas peur, ne me moralise pas. Il m'explique qu'il connaît la famille, qu'elle sera compréhensive mais qu'il faut que je l'appelle. Le soir même, je décroche mon téléphone. L'estomac noué, je n'en mène pas large. Je me présente en sanglotant :

— Bonjour, je suis Agathe de Miniac, le professeur principal de votre fille.

C'est la maman qui a décroché, elle me prévient qu'elle met le haut-parleur. Je devine que les deux parents m'écoutent attentivement :

— Aujourd'hui, j'ai frappé votre fille. Je vous demande pardon. Rien ne m'y autorisait. Je ne sais pas ce qui m'a pris. J'ai totalement perdu les pédales.

Je m'attends à recevoir des propos durs, voire des menaces de poursuites judiciaires. Je sais que j'ai commis une faute grave.

— Marion nous l'a dit. Elle est encore choquée et nous aussi.

Je leur raconte la scène telle que je l'ai vécue. Je ne tente pas d'accuser les élèves. Je considère que c'était à moi de me contrôler. Tout est allé si vite. Les deux parents condamnent mon geste mais me disent comprendre que les adolescents puissent nous mener à bout. Ils sont eux-mêmes exaspérés parfois. Ils acceptent toutefois de me pardonner.

Je passe les deux semaines de vacances suivantes à pleurer. Mon remords est immense. Je me repasse cent fois la scène, ce qui provoque à chaque fois de profonds sanglots. Nicolas m'écoute, compréhensif. Il m'aide à faire le point, il me relève et m'apaise. Il ne s'agace pas de mon chagrin. Il me redonne un peu de courage et de force. Il me conseille aussi. À la rentrée, j'ai une boule au ventre lorsque j'entre dans la classe. Les élèves le sentent et sont calmes et attentifs. Je m'adresse à Marion :

— Marion, je te présente mes excuses. Je suis désolée. J'ai totalement perdu mon sang-froid. Tu n'avais pas commis un acte grave mais je ne sais pas ce qui m'est arrivé. Je te demande profondément pardon.

Je ne retiens pas mes larmes. Je regarde ensuite le reste de ma classe :

— Je dois aussi des excuses à la classe. Je devrais être irréprochable. Or j'ai utilisé la violence et je suis, pour cela, un mauvais exemple. Je vous demande aussi à chacun pardon pour cela.

Marion me dit qu'elle s'excuse aussi. Quelle force d'âme ! C'est moi qui suis en faute. Plusieurs élèves du petit groupe l'imitent : ils me disent qu'ils ont exagéré et qu'ils m'ont poussée à bout. Parfois la jeunesse nous donne des leçons de vertu, de grandeur, de gentillesse. Ils sentent à quel point je regrette profondément mon geste. Toute l'année qui va suivre, ils vont m'aider à reprendre confiance en moi, à redevenir leur professeur. Ils vont me prendre doucement par la main et me réhabiliter. Incroyables adolescents, vous êtes plus grands que moi !

Les mois suivants, je sonde la cause de mon geste. Il est clair qu'une des raisons est ma fatigue. J'ai trop tiré sur la corde. Je me couche tard et me lève aux aurores. Il va falloir que je prenne soin de moi et de mon sommeil. Dès lors, je prends la résolution de me coucher tôt. J'ai d'ailleurs gardé cette habitude depuis. Cet épisode est aussi une réelle réflexion sur ma violence. Elle est tapie au fond de moi et elle le sera toujours. Elle peut à nouveau resurgir. J'ai une franche tendance à me mettre dans le rouge. J'en fais trop, tout le temps. Il faut que j'apprenne à ralentir le rythme.

Mais cette expérience est aussi une descente au fond du gouffre, une plongée au fond du puits. Je fais l'apprentissage douloureux de ma précarité. Je me croyais une enseignante forte, je constate ma profonde fragilité. Je touche du doigt mes limites. Marion, ses parents, mes élèves, mes collègues sont descendus et venus me chercher au fond de mon ravin. J'y serais restée plus longtemps sans leur aide. Il me faut accueillir cette part sombre de ma personne, apprendre à me pardonner.

Fin du temps de l'insouciance.

LE TEMPS DES GRANDES QUESTIONS

« En plein cœur de toute difficulté se cache une possibilité. »

Albert Einstein

MALO ET SES SŒURS

Il faut que je m'arrête. Il faut que je me pose. Il faut que je m'interroge. Je n'ai fait que marcher, courir à l'instinct. Dix ans d'enseignement se sont écoulés à grande vitesse. J'ai commencé ce métier pratiquement sans formation. Titulaire d'une licence d'histoire, je ne connais rien des grands courants de pédagogie, rien des techniques de gestion de groupe, rien du fonctionnement du cerveau, rien non plus des grandes étapes du développement de l'enfant.

La formation pour devenir professeur de collège a été plus que succincte. Certes, je suis compétente en histoire et géographie. Il est clair que le concours nous oblige à creuser les connaissances dans notre matière. Beaucoup trop d'ailleurs car le fossé entre le niveau du concours et celui du collège est abyssal. En revanche, je n'ai absolument pas été préparée à l'enseignement à proprement parler. Je me souviens avoir dû réfléchir sur la progression ou à la façon d'organiser les différents chapitres d'histoire, de géographie et d'éducation civique. Aux yeux de notre formateur, cela semblait très important, capital même. Cela m'avait surprise. Les cours étaient dispensés à l'IUFM. Cet institut nous était présenté comme une petite révolution en termes de formation. Pourtant, jamais les mots de Piaget, de Montessori, de Freinet ou de Meirieu n'ont été prononcés entre ces murs. Jamais les courants behaviouriste ou constructiviste ni l'école nouvelle n'ont été abordés. Aucune remise en cause de la pédagogie frontale. L'important était de « savoir gérer sa classe ». Il fallait dès le début savoir s'imposer. Pour que mes élèves me respectent, il fallait que je sache montrer que j'avais de l'autorité et du savoir.

À côté de cette formation théorique, une enseignante qualifiée de tuteur m'accompagnait dans mes premiers pas d'enseignante. Elle m'a aidée à me draper de ma toge de professeur. Je me suis métamorphosée d'élève à enseignante sous son regard bienveillant. Elle a été une aide précieuse, un miroir utile. Toutefois, jamais nous n'avons échangé sur les alternatives pédagogiques. La posture était évidemment frontale, l'autorité devait s'imposer par une attitude réactive face à d'éventuelles rébellions. Je trouvais ma tutrice sympa et le courant entre nous est bien passé. Je ne me suis à l'époque posé aucune question. Je n'avais pas l'impression qu'il me manquait quoi que ce soit en tant que jeune professeur. Toutefois, Nicolas, qui faisait sa formation de professeur des écoles en parallèle, semblait plus au fait de tout cela. J'imaginais alors que mes élèves n'étaient plus concernés. La pédagogie s'adressant aux enfants, j'en avais conclu que les adolescents n'en étaient plus. Il était évident que j'avais embrassé ce métier de professeur car j'avais adoré être élève. Par conséquent, mon travail consistait en une simple reproduction de ce que j'avais reçu.

Or aujourd'hui, je me sens mal. Une dizaine d'années et une gifle plus tard, je m'interroge. Il faut que je creuse. Je ne peux rester à flotter mollement sur la surface, à reproduire bêtement un modèle. C'est comme une sorte d'urgence. Cette alarme sonne d'autant plus fort dans ma tête et dans mon âme que je suis profondément déplacée par mes enfants. Mon métier de mère ne se déroule pas non plus comme je l'avais imaginé. Plusieurs de mes enfants distillent encore plus le doute sur mes pratiques, sur ma posture, sur mes attentes. J'ai l'impression de trébucher de déception en déception.

Quatre enfants absorbent tout mon temps et ma vie de mère. Malo, à dix ans, arrache une à une toutes mes certitudes. Il ne parle quasiment pas, du moins, je ne le comprends pas très bien. Il marche un peu, pas longtemps. Ses muscles semblent avoir une capacité d'endurance limitée. D'équilibre instable, il vient tout juste d'apprendre à faire du vélo. Il est incapable de retenir ses selles. Il faut le laver plusieurs fois par jour. Quant à l'école, même dans mon pire cauchemar, je n'aurais pu imaginer un parcours aussi catastrophique : après deux petites sections, deux moyennes sections et deux grandes sections, il a fini par atteindre, aux forceps, le CP. La victoire a été de courte durée. L'école nous a demandé de le remettre en maternelle. Après une demande avortée d'entrée en institut médico-éducatif (IME), nous avons forcé son passage en Clis, sorte de classe réservée aux enfants comme lui. Évidemment, il ne sait ni lire ni écrire. Jamais, au grand jamais, je n'aurais imaginé cela possible. Même les enfants trisomiques apprennent à lire. Je suis rongée par cette douleur. Je devine de la pitié dans les yeux des éducateurs, des enseignants de mon fils, dans ceux de mes amis. Je gère mal toute cette douleur, toute cette colère. Je traîne une fatigue continuelle. Je n'en suis d'ailleurs pas très consciente. Elle se traduit non pas par une léthargie ou un abattement mais par des explosions de violence. D'autant plus que deux de mes filles semblent, elles aussi, partir sur un chemin de traverse.

J'ai parfois le sentiment que le ciel a décidé de me faire porter une bien lourde croix. Jeanne à quatre ans est en moyenne section. Elle n'est pas restée en petite section, c'est déjà ça. Cependant, elle ne parle pas. Elle prononce quelques onomatopées. Elle semble terrorisée par l'école. Elle s'accroche à ma jambe tous les matins. L'aide-maternelle doit l'arracher. Elle se crispe, s'arc-boute de toute la force de ses petits bras. Je l'entends hurler derrière moi, je m'empêche de me retourner. Tous les jours, invariablement, elle crie, elle pleure. Je dois me montrer forte, certaine d'agir pour son bien. Je ne comprends pas. Je ne reconnais pas ma petite fille. Jamais elle n'a adopté ce genre de comportement chez la nourrice. Pourquoi l'école lui fait-elle si mal ? L'école peut donc être un lieu de souffrance ? Ses pleurs me hantent toute la matinée. Ils résonnent en moi et me déchirent le cœur. Pourquoi cette enfant, cette petite blonde si mignonne, si attachante, hurle-t-elle ainsi ? Elle est normalement si douée pour attendrir les cœurs. Qu'endure-t-elle à l'école qui m'échappe ? Dans un coin de mon esprit s'instille de la défiance, du doute, de la rancœur vis-à-vis de l'école.

Quant à Isabelle, elle montre à un an les mêmes signes que son grand frère et sa grande sœur : elle s'endort brusquement, perd l'équilibre et a parfois un regard trouble. Cela n'augure rien de bon.

Heureusement, Inès sait lire. Cette enfant de six ans me rassure un peu sur mes capacités maternelles. En CP, elle lit même très bien. Elle remplit son contrat d'élève, enfin presque. Convoqués par son institutrice, nous devons comprendre pourquoi elle n'accumule que des fleurs rouges. L'enseignante a mis en place un petit système de gestion de groupe avec des marguerites à douze pétales. Si l'enfant est sage, il conserve ses pétales bien blancs. En revanche, à chaque fois qu'il bouge, qu'il prend la parole sans lever la main, qu'il s'amuse, il colorie son pétale en rouge. Inès colorie rapidement ses fleurs. Elle nous fabrique même de beaux bouquets. Nous voilà donc devant la maîtresse et ma pauvre Inès se tortille sur sa chaise. Elle semble déçue de nous décevoir. Ses yeux ne savent pas où se poser. Sur ses frêles épaules reposent tous nos espoirs de réussite scolaire. Elle bafouille qu'elle ne sait pas pourquoi elle n'écoute pas. Elle ignore pourquoi elle a tout le temps envie de se lever, de rire et de jouer.

Je perds tous mes appuis, ils se dérobent sous moi. Mes enfants ne se fondent pas gentiment dans l'école comme moi avant eux. Même à la maison, ils demeurent des petits êtres mystérieux. Je fais l'expérience de leur profonde altérité. Je ne comprends pas leur fonctionnement. Le développement irrégulier de leur intelligence me laisse interdite.

Au collège aussi, je suis parfois démunie devant certains élèves. Gabriel va me faire cheminer sur cette question.

GABRIEL

Difficile d'amener Gabriel au travail. Il s'évade à la moindre distraction. Son attention est fugace, un rien le perd, le détourne du travail à faire. Il semble se promener dans un autre monde. Son assistante de vie scolaire (AVS) me confie son sentiment d'inutilité :

— Je reste à côté de lui, le rappelle à l'ordre, tapote sur l'exercice… Mais à peine a-t-il commencé qu'il s'arrête, qu'il me raconte une histoire qui n'a rien à voir avec le cours… Je lui relis la consigne mais ses yeux me disent bien qu'il n'est pas là.

Je lis toute sa peine en la regardant : les épaules affaissées, les bras ballants, ses yeux me racontent son impuissance. Elle n'espère plus en Gabriel. Elle le connaît bien pourtant, cela fait deux ans qu'elle l'accompagne. Dyslexique sévère, il ne lit quasiment pas. Sa graphie est aussi complexe. En cinquième cette année, il peine à suivre le programme. Il bénéficie d'un tiers-temps supplémentaire, c'est-à-dire qu'il peut avoir trente pour cent de temps en plus que ses camarades pour finir une tâche. Mais la tâche, il ne la commence pas.

L'histoire de Gabriel est lourde. Il vit seul avec sa mère. J'ignore si elle travaille. Il est très difficile de prendre contact avec elle. Il est souvent en retard le matin car elle n'est pas réveillée. C'est elle qui emmène son fils à l'école. Je ne sais rien du père. Je ne sais même pas si Gabriel le connaît, sujet qu'il évite méticuleusement. Gabriel oublie la moitié de ses affaires. Quand il a son matériel, c'est presqu'un miracle. Lorsque je le questionne un peu, je perçois que le désordre et la désorganisation règneraient à la maison. Comme il ne travaille jamais le soir, je lui propose de laisser toutes ses affaires dans son casier. Il faut contourner l'obstacle du cadenas qu'évidemment Gabriel a égaré. Le collège lui en fournit un autre. Je garde le double de la clé au cas où il la perdrait. Cependant Gabriel ne parvient pas à avoir la rigueur des allers et retours au casier. Si bien qu'il oublie encore plus ses affaires.

Enfant agréable, Gabriel adore passer du temps avec les adultes. Il me propose toujours son aide lorsque j'entre dans le bâtiment afin de préparer ma classe. J'ai même parfois le sentiment qu'il m'attend, qu'il me guette. Il passe ses récréations près de la porte d'entrée des salles de cours. Il est souvent seul. Je pense qu'il reste là pour ne pas se faire bousculer, harceler. Être original, il semble un peu à part, ce garçon. Souvent, je lui permets de venir, de passer le balai, d'aller chercher la valise des tablettes. Il me rend volontiers service. Il me parle souvent de sa mère. J'ai parfois l'impression que c'est lui l'adulte à la maison. Il s'inquiète beaucoup pour elle. Je comprends qu'elle est malade. Je ne sais pas trop de quoi. Je pose quelques questions mais il évite de me répondre franchement, restant volontairement un peu évasif. Pendant toute l'année de cinquième, son niveau s'écroule petit à petit, dans toutes les matières. Je ne vois pas de porte de sortie. J'arrive franchement démunie au conseil de classe. Professeur principal, je m'en ouvre à mes collègues :

— Gabriel s'est écroulé tout au long de son année de cinquième, malgré l'AVS, malgré les aides aux devoirs. Il semblerait que nous ne puissions rien faire. Il ne peut plus progresser, il est au bout de ses capacités. Je propose une réorientation en quatrième prépa pro.

« Il ne peut plus progresser. » Comment ai-je pu prononcer ces paroles ? Je ne savais pas. Je n'avais pas encore découvert. Je n'avais pas lu. Là encore, ce sont mes enfants qui vont par la suite m'amener à réfléchir, à tenter de comprendre. À la recherche des causes éventuelles de leur déficience intellectuelle, je me suis mise à lire de manière boulimique tout ce qui concerne les neurosciences et leurs découvertes en matière de cognition. Cette discipline a effectué des progrès fulgurants depuis une vingtaine d'années. Elle a montré que le cerveau évoluait de manière constante, en fonction de ce que nous apprenons. Il se modifie. Certaines régions du cerveau se spécialisent, développent de nouvelles fonctionnalités. Il n'y a pas d'ordinateur plus puissant que le cerveau de l'enfant. Chaque enfant, chaque personne a un potentiel immense pour apprendre. Les émotions participent à la cognition, soit en l'aidant, soit en la bloquant. D'autre part, le cerveau peut être bridé par les biais cognitifs : ce sont les obstacles à l'apprentissage. Ces biais peuvent être liés à la mémoire, au jugement, au raisonnement ou aux facteurs psychosociaux. Je ne comprends pas tout ce que je lis. Les travaux ne sont pas toujours vulgarisés et je ne suis pas une scientifique. J'en perçois cependant les grandes lignes : plus le cerveau est stimulé, plus il se développe, le cerveau sélectionne les tâches, le cerveau efface ce dont il n'a pas besoin. Toutes ces découvertes constituent un réservoir d'espoir pour mes enfants mais aussi pour chacun de mes élèves. Jamais plus je n'oserai dire qu'un enfant ne peut plus apprendre. Je comprends que c'est un non-sens scientifique, presqu'une faute intellectuelle et professionnelle.

Revenons à Gabriel. Suite au conseil de classe, nous proposons donc une orientation en quatrième à projet professionnel. Je tente de communiquer avec la maman. Toujours en vain. En attendant, je prends un vrai rendez-vous avec mon élève. Je ne suis pas pressée, nous avons une heure devant nous. Gabriel semble très heureux de ce temps en tête-à-tête. Je démarre l'entretien en lui demandant comment il se sent, il attaque tout de go :

— Je suis énervé. Les chefs de ma mère, ils ne la croient pas. C'est à cause d'eux qu'elle s'est remise à boire. Elle avait arrêté. Elle avait fait une cure. Mais comme ils l'ont accusée d'avoir recommencé, elle a replongé. J'ai envie d'aller leur casser la gueule…

J'observe mon petit gringalet d'à peine douze ans. Les bras croisés, il regarde droit devant lui, il parle d'une voix à peine audible mais bien déterminée. Il a besoin de poser son fardeau, je lui enjoins de poursuivre :

— Comment as-tu découvert tout cela ? Tu peux m'en dire un peu plus ?

Gabriel me regarde dans les yeux. Je plonge mes yeux dans les siens. Je l'assure de mon empathie. Il me raconte alors toute l'histoire, celle qu'il perçoit du haut de son enfance. Je prends conscience du poids de sa vie. Je le soupçonnais auparavant, je le sais maintenant. Une fois sa charge déposée, je lui parle de la quatrième prépa pro. Il réagit immédiatement :

— Je ne veux pas y aller, je ne veux pas changer de collège. Je suis bien ici. Personne ne me connaît là-bas…

Je comprends que Gabriel a besoin de sécurité. Et si je lui faisais confiance ? Et si je lui permettais de choisir ? De grandir à son rythme ? Il sait ce qui est bon pour lui. Chacun sait ce qui est bon pour soi.

Moi aussi je dois me faire confiance. Je ne suis certes pas la prof que j'aurais rêvé d'être : toujours maîtresse d'elle-même, toujours posée, gaie et souriante, toujours enthousiaste. Je cherche une formation, une méthode pour mieux contrôler mon impulsivité. C'est alors que je découvre par hasard la discipline positive. C'est une révélation.

TAO

— Aujourd'hui, nous n'allons pas faire cours, rangez vos cahiers mais gardez vos trousses.

Je termine à peine ma phrase que le brouhaha reprend. Bruyamment, les troisièmes rangent leur cahier vert. Le dos collé au tableau, les mains le long du corps, j'attends. Quelques élèves invectivent leurs camarades :

— Chut, la prof veut nous parler !

Le silence, fragile et incertain, s'installe. Je parviens, cette fois, à tenir un peu plus longtemps :

— J'ai un problème et j'ai besoin de vous pour m'aider à le résoudre. Je n'arrive pas à prendre la parole longtemps dans cette classe. Je reviens d'une formation. C'est une méthode américaine. Je vous propose de l'essayer ensemble.

Des yeux me questionnent. J'attrape quelques regards interrogatifs. Je sens que je peux continuer à parler :

— Cette méthode est basée sur la coopération et bannit punitions et récompenses.

Tao me coupe la parole :

— Madame, ça veut dire quoi, « bannir » ?

— Cela signifie que je ne vais utiliser ni la punition ni la récompense pour régler ce problème.

Immédiatement, les conversations reprennent. Tao sourit à pleines dents. Je les entends commenter cette information. Beaucoup d'entre eux reçoivent des punitions, souvent, régulièrement. Ils ne me croient pas. J'attends à nouveau. Le silence revient, un peu plus vite cette fois. Je sonde les regards et y décèle un petit brin de curiosité :

— Cette méthode se base sur un moment important : l'échange en classe. Prenez votre chaise, votre trousse, je vais vous expliquer tout cela dehors.

D'un coup, l'agitation revient. Les chaises s'entrechoquent et la cacophonie reprend, fort. Les élèves sortent dans un désordre qu'ils ne perçoivent même pas. Le soleil de printemps darde ses rayons. Toute la nature nous appelle. Cette migration de la classe vers l'extérieur fournit une franche dose de bonne humeur à la petite troupe. Nous nous installons en cercle, sous un préau, bien à l'écart des salles de classe. Je distribue à chacun un petit papier numéroté. Je dispose des enveloppes au sol. Vingt-huit enveloppes de couleur s'étalent au centre. J'ai inscrit sur chacune le prénom d'un élève de la classe. Je reprends ma place entre Enzo et Jeanne. Je demande à Tao de s'asseoir lui aussi sur sa chaise : il s'est avachi devant, faisant rire ses voisins. Il me répond qu'il a mal aux fesses, provoquant encore des rires. Fermeté et bienveillance : leitmotiv de la discipline positive. J'attends sans agressivité, mais déterminée. Tao se replace enfin sur sa chaise. Je sens les élèves intrigués, surpris. Ils attendent que je leur en dise plus :

— Je fais mieux quand je me sens mieux. Nous allons d'abord prendre un temps de gratitude. La gratitude, c'est quand je sens que quelqu'un m'a aidé avec gentillesse. Vous avez vu que j'ai disposé des enveloppes avec des prénoms. Quand je vous le dirai, un par un, vous choisirez une enveloppe au sol. Vous choisirez celle d'une personne envers laquelle vous ressentez de la gratitude.

Incroyable, j'ai réussi à placer plusieurs phrases d'affilée sans que personne me coupe la parole. Je sens que cela ne doit pas trop durer.

— Qui a le numéro 1 ?

Jeanne lève la main. Je l'invite à choisir un prénom. Timide, elle hésite. Je lui propose de passer son tour. Elle retourne sur sa chaise et déclare qu'elle passe.

— Qui a le numéro 2 ?

Simon passe son tour aussi, ainsi que Thomas et Tao. Enzo brandit le numéro 5. Il se lève et prend une enveloppe, hilare et victorieux. Il surjoue, comme d'habitude. Le tour se poursuit et chacun se sert. Une fois que tous les numéros sont appelés, je repropose à Jeanne. Cette fois-ci, elle choisit une des quatre enveloppes restantes, tout comme Simon, Thomas et Tao. J'annonce maintenant la règle :

— N'oubliez pas : je fais mieux quand je me sens mieux. Vous allez prendre un petit temps seul pour écrire en quoi vous ressentez de la gratitude vis-à-vis de la personne que vous avez choisie. Vous n'écrirez que des choses gentilles. Ce que vous avez écrit, vous le lirez tout à l'heure devant la classe. Vous allez vous répartir dans la cour. Vous respecterez un écart de trois mètres minimum entre vous. Quand vous aurez fini, vous reviendrez dans le cercle. Allez-y !

J'assiste alors à une volée de moineaux. Ils s'envolent dans la pagaille et dans le bruit, gazouillant, voltigeant, s'ébrouant. Je circule et redis les règles. Je demande à Martin de redescendre de l'arbre dans lequel il a grimpé et à Thomas de se séparer de Quentin. Mathéo quant à lui est parti dans l'autre cour, je lui fais signe de revenir. Puis chacun s'installe dans son écriture de remerciement. Ils plongent dans l'exercice. Certains semblent totalement absorbés. Je me replace dans le cercle et j'attends. Normalement, j'aurais dû inscrire mon nom et participer. Le principe est que l'enseignant ne se place pas en rapport de domination. Je le ferai quand ils auront compris. Pour le moment, ils apprennent les règles du jeu. Ils vont expérimenter toute la joie qu'apporte la gratitude. Des chercheurs ont montré que l'écriture d'un mot de remerciement apportait une émotion positive et agréable pouvant durer jusqu'à six mois. L'empathie, pratiquée régulièrement, aide à la connexion neuronale, autrement dit au développement optimal du cerveau. Je sais que je ne perds pas mon temps.

Lise revient en premier. Elle me confie que ce petit travail était difficile pour elle :

— Je n'ai pas l'habitude de dire des choses comme ça à mes copines…

— Des choses comme quoi, Lise ?

— Bah, des choses gentilles, c'est dur de le dire. On n'a pas l'habitude. Je suis une *badass*[1] moi.

C'est justement l'intérêt de l'exercice. Le besoin essentiel de l'être humain est celui d'appartenir. Cette nécessité est exacerbée chez l'adolescent. Peu à peu chacun reprend sa

1. « Dure à cuire », personne qui obtient ce qu'elle veut surtout par la force.

place. Il nous reste vingt minutes pour que chacun lise son petit compliment et le remette à l'intéressé. Les premières déclarations de gratitude sont très belles. Salomé, si discrète habituellement, fait une véritable déclaration d'amitié à sa copine Emma. Sa voix tremblote, je lis beaucoup d'émotion dans les yeux de son amie. Puis, un à un, chacun lit son petit texte. Il faut s'arrêter souvent car les conversations reprennent, inexorablement. Cependant, plusieurs élèves sont captivés et m'aident à maintenir l'attention du groupe. Arrive le tour d'Enzo. Il a écrit un petit mot pour Tao. Il déplie son mètre quatre-vingt et lance :

— Tao, merci de me faire rire, surtout en cours de français. Je t'aime bien même si tu es trop con.

J'attendais ce moment où un élève mêlerait gentillesse et acidité. J'interviens immédiatement :

— Enzo, le début de ton mot est bien mais il faut reprendre la deuxième partie car elle est dévalorisante. Je te demande de la réécrire et de recommencer tout à l'heure

La formatrice avait bien insisté sur ce point. C'est tout un entraînement, l'art de la gratitude et de l'encouragement. Mon gaillard accepte gentiment. Quelques minutes plus tard, il réitère avec succès :

— Tao, tu es drôle, tu me fais beaucoup rire. J'apprécie beaucoup ta bonne humeur.

La cloche sonne. Fin de la séance de gratitude. Le rendez-vous est pris pour la semaine prochaine.

Le mardi suivant, je retrouve mes élèves assez impatients de recommencer la séance de gratitude. La classe s'échappe avec autant de bruit que la semaine précédente. Toutefois, elle semble plus rapide à se remettre en place. Le cercle se forme aussitôt. Tao s'assoit directement sur sa chaise. Je décèle un léger mieux. La routine se met en place.

— Aujourd'hui, vous allez remercier directement par la parole, sans passer par le petit mot écrit de la fois précédente.

Ils entrent assez vite dans l'exercice. Je remarque un peu plus d'écoute. Ils sont tendus vers ce qu'ils vont entendre. Ils semblent intéressés. Les remerciements circulent. Quentin s'adresse ainsi à Thomas :

— Je te remercie de m'avoir soufflé la bonne réponse pendant le contrôle de maths.

— Mais de rien, mon poto !

Lorsque le tour semble achevé, je propose de retourner dans la classe. Jeanne se lève alors et m'interrompt :

— Tout le monde n'a pas reçu de remerciement, Madame, on ne peut pas continuer.

— Très bien, Jeanne, qui n'a pas reçu de remerciement ?

Plusieurs élèves répondent en même temps :

— Lise et Matthéo.

Surprise de leur qualité d'attention, je propose de rattraper cet oubli. Lise et Matthéo reçoivent une flopée de remerciements, par plusieurs élèves. Je me suis trompée sur cette classe. Je les trouvais impulsifs et instinctifs et je les découvre attentifs aux uns et aux autres. Cette séance de gratitude me touche et change mon regard. Le retour en classe se déroule dans la même pagaille mais il flotte une petite touche de gaîté dans l'air. Semaine après semaine, les séances de gratitude se déroulent de mieux en mieux. La classe se met en cercle plus rapidement, les remerciements sont plus réfléchis, plus profonds. Il se passe quelque chose. Je sens beaucoup de bonté, d'amour entre eux. Cela fait du bien à tout le monde.

Semaine après semaine, je leur fais partager toutes mes découvertes avec la discipline positive. Je leur explique le fonctionnement de leur cerveau et de leur cortex préfrontal régulant leurs émotions. Ils apprennent que ce dernier finit sa construction à vingt-cinq ans : les sautes d'humeur et les bouffées d'émotion sont constitutives de leur état d'adolescents. Tout cela est normal : le jeune de quinze ans ressent tout plus fort et n'est pas encore tout à fait maître de tout cela. Pour éviter les prises de bec, il faut savoir prendre un temps de pause. Il faut que le cerveau en colère, « hors de soi », prenne le temps de se reconnecter. Il ne peut pas prendre de bonnes décisions. Il faut revenir en dedans de soi pour en être capable.

Au fur et à mesure de la transmission de toutes ces connaissances sur le fonctionnement du cerveau et des émotions, je m'apaise. Je commence à comprendre mon propre fonctionnement. Peu à peu, je change, je modifie sans m'en apercevoir vraiment mon attitude. J'en prends conscience en leur expliquant les neurones miroir :

— Il existe des neurones qu'on appelle miroir. Lorsque quelqu'un bâille, cela me donne envie de bâiller. Lorsque quelqu'un est triste, j'ai envie de le consoler. Lorsque je suis en colère ou en stress, je communique immédiatement cela à mon entourage.

Tao me coupe la parole :

— Ouais, c'est vrai. Ma mère, elle est toujours comme ça. Elle est toujours énervée. Dès qu'elle me voit, elle m'agresse, elle m'énerve.

Quelques élèves opinent de la tête et je m'aperçois qu'ils m'écoutent attentivement.

— Lorsque deux personnes se regardent, les neurones miroir se mettent en action. Les chercheurs ont découvert que non seulement ils fournissaient de manière inconsciente des informations sur l'état de l'autre, par exemple la colère de la maman de Tao – Tao sait immédiatement quand sa mère est tendue –, mais qu'en plus ils activaient la même zone du cerveau chez Tao. Du coup, celui-ci se met en colère.

En donnant cette explication, je pense à mes propres neurones miroir. Je pense à mon Malo qui perçoit avant même que j'en aie moi-même conscience ma tension, ma colère. J'ai remarqué que souvent, il lui arrive de me caresser le dos ou de me dire un petit mot gentil. Toujours, je prends alors conscience de mon état émotionnel : je suis à cet instant stressée, tendue ou même en colère. Là où il est fort, c'est qu'il ne se met pas dans le même état que moi.

Il est temps pour moi de présenter le moment d'échange en classe. Les élèves ont bien empatisé, ils sont maintenant bien connectés entre eux. Nous nous mettons donc en cercle et, après la rituelle séance de gratitude, je leur explique le fonctionnement :

— Tout au long de la semaine, lorsqu'il se passe un incident, vous pouvez le noter sur le cahier de TEC. Lorsque nous nous réunirons, nous l'ouvrirons et proposerons à celui qui a écrit le mot de chercher ensemble une solution.

Le cahier dans une main, je poursuis :

— Il faudrait un secrétaire de séance.

Lise propose de le faire, elle prend le cahier. Je continue :

— Pour le moment, il n'y a rien d'écrit sur le cahier. Du coup je propose de régler mon problème, celui de l'écoute. Voici mon problème : lorsque je prends la parole, je trouve que vous ne m'écoutez pas. Je remarque que souvent plusieurs d'entre vous bavardent. Cela me gêne.

Je m'aperçois que pendant que je dis tout cela, ils m'écoutent. Ils ne m'interrompent pas. D'ailleurs, depuis quelques semaines, l'ambiance s'est améliorée, imperceptiblement. Il y a bien quelques interventions spontanées mais il faut bien avouer que je suis de moins en moins agacée, gênée par ce souci-là :

— Au moment où je vous dis cela, je me rends compte que ce problème a beaucoup diminué. Mais pour l'exercice, nous allons faire un tour des solutions. Un par un, chacun va proposer une solution. Pour que ce soit une vraie solution il faut qu'elle respecte quatre critères : qu'elle soit reliée au problème, respectueuse, raisonnable et aidante.

Lise demande :

— Ça veut dire quoi « reliée » ?

— Logique, elle doit être en lien avec le problème d'écoute. Il ne faut pas qu'elle n'ait rien à voir. Si vous n'avez pas de solution, au moment où c'est votre tour, vous dites « je passe ».

Les élèves ont des solutions à foison mais beaucoup sont punitives. Ils proposent un mot de comportement, une heure de retenue ou des lignes à copier. Je leur explique que cela n'a pas d'intérêt en discipline positive. Lorsque je punis, moi l'adulte, je gagne. Si je gagne, l'enfant perd. Je lui apprends à perdre. Il apprend à être un perdant. Il apprend à se mettre en retrait ou alors il développe de la rancœur, une envie de rébellion, voire des velléités de revanche.

Lise a tout pris en note, elle relit l'ensemble à voix haute. Nous nous mettons d'accord sur une solution : lorsque les élèves bavardent et que cela me gêne, je fais un petit signe de la main – je lève le pouce. Lise écrit la solution choisie. La semaine prochaine, nous ferons le point pour savoir si cela a fonctionné.

Je vais mettre du temps à intégrer cette discipline positive. Mais petit à petit, cette philosophie va me transformer de l'intérieur. Bien sûr, cette approche ne réglera pas tout mais elle va m'être utile à maintes reprises… y compris avec les collègues énervés.

YANISS

Salle des profs, récréation du matin, mois de mars.

— Agathe, je te préviens, je ne reprends plus Yaniss dans mon cours.

Ma collègue de français a l'air furieuse. Je la sens nerveuse, tendue. Elle aurait sans doute besoin d'un temps de pause. Elle semble en mode stress. Elle avait deux heures d'affilée « ma » classe. Celle dont je suis le professeur principal. Son interpellation m'est désagréable. Je me sens agressée. Mes neurones miroir sont en action. Je la laisse poursuivre cependant :

— De toute façon, rien n'est fait. Depuis le début de l'année il y a des problèmes. On n'est pas soutenus. Les élèves savent qu'ils ne seront pas punis. Ils continuent. C'est l'escalade. Il n'y a pas que Yaniss à être désagréable mais de tous, il est le pire.

J'hésite à lui demander ce qu'a fait le garçon. J'ai aussi envie de m'énerver. Je ne suis pas responsable de ce qui se passe dans sa classe. Je sens cependant qu'elle attend que je l'interroge. Je me risque à un :

— Qu'a fait Yaniss encore ce matin ?

— Oui, « encore », tu as raison d'utiliser ce mot. J'étais en train d'écrire une phrase au tableau quand une grosse boulette de papier mâché s'est écrasée près de moi. C'était dégoûtant.

J'aurais pu me la prendre dans les cheveux. Je me retourne. Personne ne bouge. Mais Yaniss arbore un grand sourire. Je demande qui a fait cela. Yaniss continue de me sourire en disant : « Personne Madame. » Non, mais tu mesures son insolence ! Je suis sûre que c'est lui. Je l'ai envoyé chez le CPE. Je ne le garderai plus en classe. Il me cherche sans arrêt. De toute façon toute la classe est insupportable, irrespectueuse, insolente. Ils bavardent sans arrêt et n'écoutent pas.

Elle m'a tout sorti comme ça d'un trait, sans respirer, sourcils froncés et regard haineux. Elle n'attend pas que je lui réponde. Elle repart à grandes enjambées, attrape nerveusement sa tasse et se sert un café. Je suis restée calme. Mon cortex préfrontal a joué sa partition.

Le récit de ma collègue me laisse cependant pensive. Souvent ce sont les garçons qui posent problème. Ce sujet est un peu tabou. Ce n'est pas très bien vu de « genrer » les difficultés. Je ne peux pas m'empêcher de penser à mon fils de quinze ans. Sa maladie reste un mystère pour moi. Je m'en accommode bon gré mal gré. Je reste cependant persuadée qu'il a développé une forme plus grave que ses sœurs en raison de son sexe. Dans ma tête, c'est parce qu'il est un garçon qu'il est plus atteint. Je ne sais pas trop d'où je tire cette croyance. Peut-être de la recherche sur l'autisme et X-fragile qui touchent plus sérieusement les garçons. Mais Malo n'est ni autiste ni X-fragile. Or, je suis enceinte et j'attends un autre garçon. Je conserve tout au fond de moi une inquiétude sourde. J'ai la certitude que si cet enfant est malade, comme il est un garçon, il sera aussi gravement atteint que Malo. Mais je tente de ne pas trop y penser. Mon bébé me donne un petit coup de pied, comme pour me rassurer.

Yaniss cherche la confrontation, il est toujours borderline. Il semble même ravi lorsque la punition tombe. Il passe des heures devant le bureau du CPE. La prof de français est en tension avec lui, tout comme celles de SVT et d'anglais. Le collègue de techno a l'air de mieux s'en sortir. Je ne suis pas du tout sûre que Yaniss finisse l'année entre nos murs. Il accumule les punitions. Nous sommes aux deux tiers de l'année scolaire et il en est à son deuxième carnet de bord. Le premier a été rempli en intégralité pour défauts de comportement. Souvent, je prends Yaniss en entretien individuel. Il me dit alors son ras-le-bol de l'école, son envie d'aller travailler en « vrai », de vivre en extérieur et pas enfermé entre quatre murs. Il a l'impression d'être en prison.

Yaniss n'est pas le seul dans ce cas. 80 % des sanctions de comportement sont attribuées aux garçons. Quand elles concernent les agressions physiques, ce chiffre monte parfois jusqu'à frôler les 100 %. Sur 122 000 jeunes sortant du système scolaire sans aucune qualification, neuf sur dix sont des garçons. Ancien directeur de l'IUFM de Créteil, Jean-Louis Auduc a osé briser ce tabou. Il parle même de « sexe faible à l'école ». Il met en évidence la difficulté dès l'apprentissage de la lecture, pour les garçons, d'accepter leurs erreurs et de se corriger. Il pointe aussi l'âge pivot du collège comme moment de rupture. Les garçons transgresseraient pour montrer qu'ils sortent de l'enfance. Ils inventent un rite de passage puisque notre société n'en offre plus. Enfin, les garçons souffrent de manque de référent masculin. Yaniss vit avec sa mère qui l'élève seule, avec ses deux sœurs. Pas étonnant qu'il soit insolent, surtout avec ses professeurs féminins.

J'ai cependant un outil pour aider Yaniss. Je suis responsable d'un dispositif qui permet, toute l'année, aux élèves en difficulté de partir en stage. Là encore, la grosse majorité du groupe est composée de garçons. Le but est de les aider à trouver leur orientation. En quatrième ou en troisième, ils quittent leurs habitudes scolaires, pour quelques jours, pour se retrouver confrontés à la vie professionnelle.

Je sais l'importance pour des garçons comme Yaniss de sortir des murs. Yaniss aspire à ne plus être regardé comme un problème, il veut pouvoir tester et montrer sa valeur. Yaniss aimerait travailler dans un garage. Il trouve un stage sans trop de difficulté. Il revient en disant qu'il a eu froid, qu'il n'a pas aimé avoir les mains sales. Lorsqu'il raconte son expérience, ses copains se moquent un peu de lui. Loin d'être un échec, cette expérience permet à Yaniss de toucher ses limites. Il repart en stage chez un informaticien. Là encore, il se rend compte que cela ne lui convient pas : il n'aime pas l'idée de rester toute la journée derrière un écran d'ordinateur. Il finit par découvrir la restauration. C'est le déclic. Il veut devenir serveur. Il réussit à terminer l'année scolaire sans trop de casse. Il a tenu et nous aussi. Je me suis attachée à ce garçon. Il n'est pas si mauvais que ce qu'il laisse percevoir. Il est fasciné par mon gros ventre. Sans filtre, il me demande régulièrement en classe s'il peut le toucher. Je lui refuse fermement mais gentiment. Sa demande m'émeut cependant.

Son copain Florent pose lui aussi des soucis de comportement. Son projet, en début d'année de quatrième, était de s'orienter vers les métiers du sport. Il ne tient pas en place sur sa chaise, il intervient constamment à haute voix sur des thèmes qui n'ont souvent que peu de lien avec le cours. Il parvient en revanche fort bien à faire rire ses pairs, à se faire aimer par eux. Il déclenche lui aussi les foudres de ma collègue. C'est pourtant un adolescent agréable et joyeux. Le sourire toujours aux lèvres, il rencontre cependant des difficultés au niveau purement scolaire. Il part en stage plusieurs fois au cours de l'année de quatrième et de troisième. Il varie ses stages. Il partage le quotidien, d'abord d'un éducateur sportif, puis d'un restaurateur, enfin d'un commerçant de matériel de musique… À chaque retour, il nous partage ce qu'il a aimé et ce qui le rebute. À chaque retour, je le retrouve un peu mûri, un peu grandi. Il finit par effectuer un stage chez un opticien et c'est la révélation. Il a trouvé sa voie. Il partira en bac pro optique. Dès lors, il se remet à travailler. Il obtient son brevet des collèges et quitte le collège plus léger qu'il n'y était entré. Comme son copain.

Mais il n'y a pas de recettes magiques. Certains jeunes n'arrivent pas à partir en stage, paralysés à l'idée de quitter leurs appuis. Il faut déjà être capable d'une grande autonomie pour quitter à quatorze ans son groupe de copains et se confronter au milieu professionnel. D'autres décrochent quand même, accumulant d'abord les retards, puis les absences. Je les perds. Ils ne croient plus en leur capacité de réussir. Ils sont désabusés, désenchantés, cassés par le système de compétition qu'offre l'école. Cette comparaison constante, qui semble à beaucoup une évidence, est un véritable poison qui tue lentement la capacité d'apprendre de certains enfants.

THÉO

J'ai un mal fou avec l'évaluation, les notes, la compétition. Je crois que c'est à cause de mes enfants. Très vite, j'ai été crucifiée par la concurrence entre Malo et ses pairs. Il n'avait pas un an que je voyais déjà qu'il n'était pas capable de répéter les petits cris d'animaux. Pourtant, les autres enfants nés en même temps que lui étaient au moins capables d'en reproduire un. Puis il a grandi et le langage ne s'est pas installé. Je ne pouvais pas m'empêcher de le comparer et d'avoir le ventre noué par ses difficultés. Arrivent ensuite les bilans neuropsychologiques. Mon fils ne parvient pas à mettre trois cubes l'un sur l'autre. La pédiatre lui demande de bâtir un pont. Sa construction s'écroule à chaque tentative. Rendez-vous après rendez-vous, il ne parvient pas à construire son ouvrage. Je demande souvent à mes neveux et nièces de faire un pont avec quelques cubes en bois. Ils y parviennent dès dix-huit mois. Malo, à dix ans, à douze ans, à quinze ans, son pont s'effondre systématiquement. Je ne lui demande plus aujourd'hui de le construire. Ses sœurs, malades elles aussi, passent également des bilans neuropsychologiques. Le verdict est toujours un peu inquiétant. L'écart se creuse entre elles et les copines du même âge. Jeanne arrive tout de même en troisième. Je la sais fragile.

La première épreuve du brevet blanc est un coup de massue sur ma tête. Elle est la dernière de tout le niveau, derrière les élèves de Segpa. Quelques collègues ont la délicatesse de me le faire remarquer. C'est comme du vinaigre sur ma blessure. Je sais qu'ils ne sont pas comme les autres ! Inutile de me le montrer par des classements, des bilans, des tests. Je deviens épidermique sur le sujet, presque agressive.

Toutefois mon problème avec les notes est plus profond encore. Ce qui m'agace le plus, c'est la réduction intellectuelle qu'elle produit. Les élèves apprennent par cœur un cours, ils passent le contrôle. Je corrige les copies et je leur attribue un certain nombre de points. Ils sont rémunérés pour leur travail par un chiffre. Les notes les évaluent dans le sens premier du terme, elles leur donnent une valeur. Une fois le contrôle passé, tout est oublié. La mémoire efface ce dont ils n'ont pas besoin. Lorsque nous passons à un autre chapitre, le cerveau opère son opération d'élagage synaptique. Où est le plaisir d'apprendre ? La joie intense de la découverte intellectuelle ? Le temps passé à la bibliothèque où, plongé dans un tas de livres, l'enfant ou l'adulte s'oublie totalement, comme en transe, transporté dans un monde parallèle ? J'aime aussi l'idée de sérendipité, c'est-à-dire l'art de trouver par hasard, sans chercher. L'idée de passer des heures sur un sujet et de découvrir tout autre chose. Non, au collège, c'est plutôt : « Écoutez bien le cours car en fin de séance, il y aura un contrôle et vous allez vous planter si vous n'écoutez pas… »

Je les tiens par les notes. C'est mon arme de professeur. C'est celle aussi des parents qui tremblent devant la sélection par l'orientation. Pourtant, je ne fais jamais d'interrogation surprise. Je n'aime pas le climat de stress que cela génère. Cependant j'appartiens à un système. Je le sens bien quand un élève me demande :

— Si l'arrêt des notes est le 25 mai, qu'est-ce qu'on va faire après ? On ne va plus travailler ?

Cette question me donne envie de pleurer. Je pourrais me réjouir de cet espace « sans notes » de fin d'année scolaire. Or, certains collègues menacent de reporter ces notes sur l'année suivante. Menace qu'ils ne mettent jamais à exécution. Comment pouvons-nous éduquer les enfants en leur mentant ? Quant aux troisièmes, le système a tout prévu. Je les tiens par un dernier chantage : je ne leur donne les résultats de l'évaluation des compétences que le dernier jour. Je devrais même écrire la dernière heure du dernier jour. Ces points représentent la moitié de leur note pour le brevet des collèges. Si les élèves ne se tiennent pas bien, s'ils ont le malheur de chahuter, nous ne les leur donnons pas. Il faudra qu'ils reviennent les chercher plus tard, avec les parents. J'ai parfois l'impression d'être la seule choquée par ces pratiques qui me semblent d'un autre âge. Faire autorité, c'est donc brandir la peur et la menace ?

Certains établissements scolaires ont supprimé les notes. Les écoles primaires le font depuis longtemps et les collèges souvent pour le niveau sixième, voire cinquième. L'évaluation est maintenant une évaluation « par compétences ». Je me suis d'abord réjouie de cette évolution. Toutefois, je me suis vite rendu compte que c'était la même logique comptable. Les élèves, les parents, les professeurs regardent et comptent les « non acquis » ou les « fragile ». Le système est tellement ancré dans les pratiques que la philosophie éducative ne change pas. Peu nombreux sont ceux qui s'interrogent sur les conséquences à long terme du lent venin de la comparaison. Beaucoup sont persuadés qu'il faut toujours vérifier que l'enfant ait bien appris. Faire des contrôles. Le mot « contrôle » accolé à la joie d'apprendre me fait frissonner.

Je pense à mon Malo. Il n'a jamais, de toute sa vie, reçu ni de notes, ni d'évaluation de compétences. Pourtant, il a appris des tonnes de choses. Il sait faire du vélo, se repérer dans sa ville, prendre le train. Il passe l'aspirateur mieux que quiconque, n'omettant ni de faire les plinthes, ni de soulever le paillasson. Je devrais peut-être lui attribuer un « fragile » pour vider le lave-vaisselle et un « non acquis » pour la lecture ? Pourtant, personne n'est aussi capable que Malo de compatir, de sentir la peine ou la souffrance de quelqu'un. Il s'est un jour fait mordre, sauvagement, par un copain de son foyer. Il a été blessé jusqu'au sang et il en garde une marque. De retour à la maison, je l'interroge sur son ressenti, sur une éventuelle rancœur qu'il garderait. Ce qu'il me répond m'émeut profondément :

— John, il m'a mordu car il n'a pas de famille. Il est en famille d'accueil. Ce n'est pas sa faute s'il est en colère.

Il a mis près d'un quart d'heure à réussir à m'expliquer ça. Il est difficile de comprendre Malo. Son langage est laborieux, il bégaie un peu. Il est peut-être à un niveau « fragile » pour le langage mais au niveau « dépassé » pour ce qui est des compétences psychosociales. Il est capable d'empathie comme personne, il est d'une très grande habileté dans les relations interpersonnelles, il est même capable de gérer le stress de sa mère.

Puisque je suis dans ce système et que je choisis d'y rester, il me reste la possibilité de le faire évoluer. À mon échelle, telle une petite goutte d'eau dans l'océan, je peux, un peu, l'abonnir. Forte de toutes mes réflexions sur les notes, j'ai proposé à mes élèves de tester tout un tas de pistes.

Je me suis intéressée de près aux travaux d'André Antibi. Ce chercheur a démontré un phénomène constant dans la correction des copies : la « constante macabre ». En effet, quel que soit le correcteur, il y a toujours une même proportion de mauvaises notes. Celles-ci ont pour fonction de mettre en valeur les bonnes. Cette théorie met l'accent sur le poids important qu'a la note. Elle montre la systématisation des mauvaises notes qui pousse à la sélection par l'échec. Après avoir lu les deux ouvrages d'Antibi, je propose l'évaluation par contrat de confiance :

— Pour le prochain contrôle, je vous distribue une feuille sur laquelle figurent trente questions. Il y a des questions courtes, des questions longues, des questions de mémorisation. Je vous interrogerai sur cinq questions courtes, une question longue et cinq questions de mémorisation de cette liste.

Romane lève la main :

— Vous allez quand même poser d'autres questions pour le contrôle ?

Sa question m'amuse, elle se méfie. Je ne la prendrai pas au piège. Je lui réponds en souriant :

— Non Romane, il n'y aura pas de piège. Je ne mettrai pas d'autres questions. Le contrôle a lieu dans quinze jours. Vous avez une semaine pour préparer vos réponses et la semaine prochaine, nous prendrons un temps de correction de celles-ci.

Romane jette à nouveau vivement son bras au-dessus de sa tête :

— Vous donnez les réponses avant le contrôle ? Alors à quoi ça sert ?

Décidément, les habitudes sont bien ancrées.

— Le principe est que chacun puisse réussir. Le principe est que personne ne reçoive plus de mauvaises notes car il n'avait pas compris. Le principe est que chacun comprenne vraiment avant d'être évalué. Le principe est que chacun ait vraiment sa chance de réussir.

Brouhaha général. Chacun y va de son commentaire. Les élèves arborent de beaux sourires. Ils sont heureux de cette proposition. La semaine suivante, beaucoup ont bien préparé. Certains l'ont fait à plusieurs. Je passe dans les rangs, rectifie une réponse, demande un complément pour une autre. Je sens les élèves motivés, heureux, confiants.

Les élèves réussissent le contrôle, globalement. Théo, qui pourtant avait travaillé, l'a quand même raté. Je lui propose de recommencer, de retravailler l'ensemble des questions. Je lui fabriquerai un autre contrôle à partir de cette liste. Il est d'accord, il reprend son travail, repasse le nouveau contrôle et réussit cette fois-ci. Pouvoir refaire un travail non réussi, cela me semble évident. C'est comme en sport, où l'athlète essaye des centaines de fois le même mouvement, jusqu'à le réussir. C'est comme pour le permis de conduire, que l'on peut repasser jusqu'à cinq fois pour l'obtenir. Évidemment, comme en sport, comme pour le permis, c'est la réussite qui est retenue. Pas question de faire la moyenne des deux notes, la bonne et la mauvaise. Une bonne note remplace la mauvaise.

C'est ce choix qui va susciter des questions tout d'abord de la part de mes collègues. En effet, beaucoup d'entre eux sont persuadés de corriger « en toute neutralité ». Ils ne croient pas à la constante macabre. Ils pensent aussi que le monde dans lequel nos élèves évolueront ne leur fera pas de cadeaux. Il faut donc les préparer. Mais ce sont surtout les parents d'élèves qui ne comprennent pas.

Je jette un coup d'œil sur ma liste. À 18 h 30, j'ai reçu en rendez-vous la moitié des parents d'élèves de la soirée. À raison d'un rendez-vous toutes les sept minutes, le rythme est dense, intense, hypnotique. Pas le temps de boire, de relever la tête. Cette soirée ressemble à un marathon qui devrait prendre fin vers 20 h 30. J'ai préparé la liste des élèves et surtout leur trombinoscope. Il ne s'agit pas de se tromper d'enfant. Quand celui-ci accompagne ses parents, c'est facile, mais ce n'est pas toujours le cas et j'ai vite fait de me tromper. J'enseigne à près de deux cents élèves. Je dois voir environ trente parents ce soir. Le papa de Théo se présente. Je m'efface devant la porte et le laisse entrer. Théo ne l'accompagne pas. Dommage, car je préfère que l'enfant soit présent quand je parle de lui. Je connais le papa de Théo. Il a posé ma chaudière et s'occupe de son entretien. Travailleur, les mains épaisses, il a la réputation d'être un bon artisan. Je suis en bons termes avec lui en tant que cliente. Je le rencontre ce soir en tant que père d'un de mes élèves :

— Bonsoir Monsieur, Théo a effectué un bon trimestre. Il est volontaire. Il n'hésite pas à refaire les travaux pour s'améliorer. Il est en outre agréable en classe. Il prend bien sa place dans le groupe

Le papa déplie la photocopie du bulletin de son fils. Il pose son doigt calleux sur le 15/20 de moyenne de son garçon :

— Il faut dire qu'avec vous, c'est facile, vous donnez les réponses du contrôle et ils peuvent recommencer autant de fois qu'ils le souhaitent. Elle ne vaut pas grand-chose, cette moyenne. D'ailleurs, la moyenne de classe est de 17/20. 15/20, finalement, c'est nul dans votre classe.

La concurrence… La constante macabre… La note de Théo est mise en relief par la moyenne générale. C'est difficile de lutter contre les croyances. Il va falloir que je fasse un peu de pédagogie auprès de ce papa :

— Tout d'abord, je ne donne pas les réponses du contrôle, je donne les questions. Les élèves savent donc sur quoi je vais les interroger. Ils ont le temps de travailler ces questions avant l'évaluation.

— Bah justement, ça déjà, c'est trop facile.

— Mais, Monsieur, lorsque vous venez chez moi et que je vous dis que je veux changer ma chaudière, vous savez ce que je vous demande. Je ne vous fais pas entrer dans ma maison en vous laissant errer et deviner ce qu'il faut faire ?

Je sens que je l'ai un peu désarçonné. Je le vois réfléchir. Il marque un petit temps de pause. Il n'est pas agressif, ce papa-là, il a envie de comprendre :

— Oui mais dans ce cas, pourquoi permettre de recommencer le contrôle ? Ils peuvent réussir du premier coup ? Non ?

J'hésite un peu. J'ai une petite idée dans la tête. Je marque un petit temps de silence. Je plonge mes yeux dans les siens et lui dis doucement :

— Quand vous avez installé ma chaudière et qu'au bout d'une journée, elle s'est arrêtée, je vous ai rappelé sans vous faire de reproche. Vous êtes revenu quelques jours plus tard. Vous avez repris votre travail. Vous n'envisagiez pas une seconde de laisser la chaudière en plan. Il était évident pour vous que vous chercheriez la panne jusqu'à ce qu'elle fonctionne. Vous n'avez pas réussi du premier coup, comme Théo.

Je poursuis en ne le lâchant pas des yeux :

— Vous êtes reparti une fois le travail achevé. Comme Théo.

Les fausses croyances ont la vie dure. Il faut du temps pour changer les mentalités et les regards. Il faut que je patiente. Toutefois, pendant ce temps, je sens que l'école est en train de lâcher mes propres enfants. L'école est en échec face à leurs difficultés intellectuelles. Au lieu de se retrousser les manches pour se mesurer à l'obstacle, l'école propose d'abandonner, de se débarrasser du problème. Je réagis d'abord par le stress puis par la colère, déçue de mon institution. Mais petit à petit je vais découvrir qu'en réalité, c'est l'opportunité de tout réinterroger…

STEVEN

Les difficultés scolaires de mes filles se sont accentuées. Le rythme de l'école ne leur convient pas. Elles ne suivent pas. Je les sens à demi noyées. À peine ont-elles franchi une étape qu'une autre leur est proposée. Elles non plus ne se posent jamais. L'école les soumet à rude épreuve. Je n'ai pas avoué à leurs professeurs l'étendue des dégâts. Je cache, je renfloue, je colmate. J'ai trop peur que les enseignants veuillent, comme pour Malo, s'en débarrasser. Je réussis à peu près : Jeanne est entrée en CM1 tandis qu'Isabelle, en fin de CP, vient juste d'intégrer une école Montessori.

Malo, lui, vit dans un monde parallèle. Il a quitté l'école, nous avons fini par accepter qu'il entre en IME. Dans l'institut médico-éducatif où il se rend depuis cinq ans, les apprentissages scolaires ont été évacués de son emploi du temps. Trop fatigable auparavant, je sens qu'aujourd'hui, à seize ans, il est maintenant prêt pour apprendre à lire. Il en ressent d'ailleurs le besoin. Tous les jours, il nous demande de lire le titre du journal ou d'écrire un petit mot d'amour à sa petite amie. Je prends donc rendez-vous avec la responsable de sa structure pour demander des heures d'école avec une enseignante spécialisée. Membre du comité des parents, je sais que le deuxième poste, longtemps vacant, a été pourvu. Je me suis battue pour l'obtenir en écrivant des courriers et en me déplaçant auprès de personnes influentes. Ce que me répond la responsable me coupe le souffle :

— Je suis désolée, madame de Miniac, mais Malo ne peut plus avoir des heures d'enseignement.

— Pardon ? Je ne comprends pas ? Pourquoi ne pourrait-il pas ?

— C'est interdit car il a plus de seize ans. L'enseignement est obligatoire jusqu'à seize ans. Il n'a pas le projet professionnel de travailler en Esat donc il ne peut pas prétendre à accéder à l'enseignement.

Elle me laisse écrasée par cette information qu'elle considère sans doute comme anodine. Je suis abasourdie. Je sais que l'enseignement est obligatoire jusqu'à seize ans, mais pas qu'il est interdit pour les handicapés ensuite. Seuls les handicapés qui ont un projet professionnel ont droit à des heures scolaires. La vision est économique, comptable, rentable. Après l'abattement, c'est la colère qui prend le relais. Nous décidons, Nicolas et moi, de nous battre. Nous écrivons à l'inspecteur ASH, celui dont le rôle est de s'occuper de la scolarisation des enfants en situation de handicap. Il nous répond par une froide lettre impersonnelle qu'en effet, c'est ainsi. Nous sollicitons le défenseur des droits, il prend notre dossier en main et commence une enquête auprès de l'institut médico-éducatif de Malo. Je sens les responsables furieux contre nous. Ils nous le font bien comprendre par une convocation à un entretien. Leur attitude est désagréable et légèrement agressive. Je ne lâche rien. Je sais que je me bats pour la bonne cause. Il est sans doute trop tard pour Malo. Mais je combattrai pour les générations suivantes. Comment puis-je enseigner à mes élèves en éducation civique que l'enseignement est obligatoire et accessible à tous ? Il est en effet obligatoire pour tous… sauf pour les enfants en situation de handicap. Malo n'a pas eu d'apprentissage scolaire pendant presque cinq ans, entre ses onze ans et ses seize ans. Personne ne s'est ému de ce défaut d'accès à la scolarisation. Je ne pensais pas qu'un compte à rebours était enclenché. Au terme de cette bataille, l'IME octroie à notre garçon une demi-heure d'enseignement par semaine. Une demi-heure par semaine, pour calmer des parents désespérés. Une demi-heure par semaine, comme un os jeté à un chien famélique. Je sais désormais qu'il n'apprendra jamais à lire.

Je comprends dans cet affrontement que nous, les parents de ces enfants handicapés, devons être des vigiles, des gardiens de leur scolarité. Il nous faut être attentifs, scrupuleux voire un peu agressifs pour prendre leur défense. Je comprends aussi que si Jeanne et Isabelle sortent du champ scolaire pour entrer dans le domaine médico-social, tout apprentissage « classique » sera mis de côté, ou au moins réduit à la portion congrue. Je dois donc me battre pour les garder le plus longtemps possible dans le système ordinaire. Je dois éviter à tout prix une orientation précoce. Je profite de mon congé parental pour déscolariser Jeanne et lui faire l'école à la maison. Je décide aussi de m'intéresser de près à ce qui se passe dans l'école Montessori d'Isabelle.

Changement total de tempo. Je passe des heures à regarder ma Jeanne faire ses exercices, sa lecture. Pas de stress lié au temps ; d'ailleurs Jeanne ne supporte pas la vue d'un minuteur ou une quelconque pression horaire. Elle apprend doucement, tranquillement. Elle progresse lentement. Si un exercice doit prendre deux heures, en trois fois, ce n'est pas un problème. Si elle a besoin d'une récréation, elle la prend. Elle a besoin d'un verre d'eau ou d'une petite collation ? Elle s'arrête et elle reprend. Cette expérience va me déplacer en profondeur. Elle va interroger vraiment mon rapport au temps au collège. Cette même année d'école à la maison, je passe une journée par semaine, le lundi, en tant que bénévole dans la petite école Montessori d'Isabelle. Située en pleine campagne, dans un petit vallon boisé, cette école semble déconnectée du monde. Je découvre avec émerveillement la pédagogie Montessori. Tout est basé sur l'observation fine de l'enfant et non pas, comme je l'entends souvent, sur le matériel. La manipulation du matériel n'est que la suite logique d'une philosophie éducative. L'idée de Maria Montessori est que l'enfant passe par des étapes successives de son développement : les périodes sensibles. Ce sont des moments où l'enfant a des capacités accrues d'apprentissage. Tout son corps, toute son âme convergent vers le développement de cette faculté. La pédagogue italienne les a référencés : elle parle de période sensible du langage, des mouvements, du sens de l'ordre, du raffinement des sens ou encore du développement social… L'environnement de l'enfant doit pouvoir répondre à ces périodes sensibles. C'est là que le matériel intervient. Mais, le matériel ne sert à rien si l'enfant n'est pas dans la période sensible correspondante. Si la période sensible est passée, l'apprentissage sera plus long, plus coûteux, plus laborieux. Or chaque enfant est différent. L'éducateur doit être à l'écoute, doit observer, regarder l'enfant. Il doit aussi patienter, persuadé que c'est l'enfant qui grandit et accède à ses différentes capacités. L'enfant est le maître de sa croissance, pas l'adulte. L'adulte, délicatement, avec respect, prépare tout autour de l'enfant tout un univers dont ce dernier se saisit. L'adulte ne prend pas la première place. Il s'efface devant l'enfant. Il propose tandis que l'enfant dispose. Loin de créer des enfants rois, cette pédagogie a pour vocation de faire grandir des futurs adultes capables de prendre leur place dans le monde de demain. Les enfants sont amenés à réfléchir par eux-mêmes. Tout un pan de cette pédagogie est d'ailleurs tourné vers l'éducation à la paix. Ce courant est né entre les deux guerres mondiales, Maria Montessori s'est beaucoup interrogée sur la manière d'éduquer les enfants à œuvrer pour un monde pacifique.

Tous les lundis, j'observe Fabienne, l'éducatrice Montessori, qui elle-même observe beaucoup les enfants. Un carnet à la main, elle prend des notes constamment. Je regarde les enfants passer d'un matériel à l'autre en le rangeant soigneusement, une fois l'exercice terminé. Cette pédagogie me fascine. Elle est aux antipodes de ce que je vis au collège. Nicolas est comme moi, émerveillé. Nous nous mettons à lire tous les écrits de Maria Montessori, nous nous documentons sur tout. Nous questionnons, confrontons, échangeons, phosphorons sur cette philosophie éducative. Finalement, elle répond à une aspiration éducative profonde de notre cœur de parents mais aussi de notre cœur d'enseignants.

De retour au collège, au bout d'un an de congé parental, d'école à la maison et de découverte de la pédagogie Montessori, je suis décidée à m'atteler à cette histoire de temps long, de temps lent. Je n'ai plus envie de courir de sonnerie en sonnerie, de cinquante-cinq minutes en cinquante-cinq minutes. J'ai envie de vastes plages de temps. Je demande donc à mon directeur un aménagement de l'emploi du temps des classes de cinquième. Je vise à regrouper les trois heures de cours hebdomadaires pour disposer d'une matinée ou d'un après-midi avec mes classes. Je l'obtiens. Je mets alors en place une pédagogie qui s'inspire de ce que j'ai vu dans l'école d'Isabelle. Chaque élève a un plan de travail. Il s'installe à un atelier, effectue la tâche demandée, puis met son travail dans une bannette. La tâche est toujours une manipulation, si possible d'un objet en trois dimensions. Il faut en outre que le travail soit au maximum autocorrectif: l'élève doit savoir immédiatement s'il a réussi ou non. Les chercheurs en neurosciences ont montré l'importance du *feed-back* en matière d'apprentissage. Plus le *feed-back* est rapide, plus la réponse intellectuelle est efficace. Quand l'exercice n'est pas autocorrectif, un groupe d'élèves corrige les exercices à l'aide d'une grille de correction. Ce sont d'ailleurs, souvent, des élèves d'autres classes qui sont normalement en permanence. C'est encore mieux quand des plus grands, quatrièmes ou troisièmes, entrent dans la classe. Le mélange des âges est extrêmement positif pour les élèves. Toute cette organisation me permet d'être disponible, vraiment, à l'élève qui en a besoin. D'ailleurs, quand les plus rapides ont terminé leur plan de travail, ils deviennent des moniteurs pour ceux qui, plus lents, ont besoin d'aide. Les «grands» viennent aussi pour aider les élèves qui en font la demande. Ce système a demandé un peu d'ajustement mais il fonctionne bien.

La classe de Steven a cours le vendredi après-midi. Actifs, un peu bruyants, les élèves semblent adorer les ateliers. Ils me disent parfois qu'ils ont l'impression d'être en week-end au moment du déjeuner. Ils ont mis quelques semaines à comprendre la philosophie de ces séances. Ils se mettent maintenant rapidement au travail. Parfois, le niveau sonore grimpe un peu. Un élève a été affecté à la gestion du bruit. Un sonomètre à la main, il déclenche la minute de silence quand l'aiguille dépasse les quatre-vingts décibels. Il est un peu au chômage aujourd'hui car la classe bruisse faiblement. L'automne s'est installé tranquillement. La pluie frappe contre les carreaux. Je suis bien. Je me sens vraiment à ma place. Je passe d'atelier en atelier, regarde, observe, remets correctement un matériel en place. Je passe derrière Steven. Levant les yeux vers moi :

— Madame, vous pourriez m'aider s'il vous plaît ?

J'attrape une chaise disponible, je m'assois près de lui. Jovial, un peu rond, Steven a un petit cheveu sur la langue. Il est sociable et semble avoir beaucoup d'amis. Il est atteint d'une dyslexie sévère mais diagnostiquée tardivement. L'écriture est quasi illisible et lire un texte un peu long est pour lui une difficulté insurmontable. À l'oral, il est vif et répond sans mal. Sur cet atelier, un texte dense risque de le mettre en échec :

— Que veux-tu que je fasse pour toi, Steven ?

— J'aimerais que vous me lisiez le texte…

Je m'exécute, lisant doucement. Je fais quelques pauses :

— Veux-tu que nous fassions une carte mentale ?

— Non, c'est bon, je crois que je comprends…

Une fois le texte lu, je lui demande à nouveau s'il a encore besoin de mon aide. Aider sans se substituer. J'ai tout mon temps. La classe peut se passer de moi. Je suis toute disponible. Il m'arrive parfois de rester une demi-heure auprès d'un élève. Je perds toute notion du temps. C'est comme un état hypnotique. J'oublie tout, concentrée avec lui sur sa tâche. Steven me demande juste de rester près de lui. Il m'explique qu'il se concentre bien quand je demeure à ses côtés. Je reste. La cloche sonne. C'est la récréation, deux heures se sont écoulées depuis le début de la séance. Steven relève la tête et me demande :

— C'est la première heure ?

Cette question me procure toujours une joie intense. Les élèves ne voient pas le temps passer. Cette question est mon plus beau cadeau :

— Non, Steven, c'est la sonnerie de la récréation. C'est la fin de la deuxième heure.

Je lis de la surprise dans ses yeux :

— Je peux rester pour finir mon travail ?

Je lui laisse le temps de terminer. Dans la pédagogie Montessori, aucun horaire de récréation n'est institué. L'enfant prend sa pause quand il en a besoin. C'est difficilement compatible avec un collège de huit cents élèves. Rien ne m'empêche cependant de laisser un peu de temps à Steven. Il n'est d'ailleurs pas le seul. Plusieurs élèves poursuivent leur travail. La classe se vide doucement, calmement. Les correcteurs ont fini aussi leur travail.

Je sors moi-même calme, apaisée, heureuse. Je ressens une vraie joie d'être cette enseignante-là. Celle qui aide, qui apaise, qui encourage. Je me sens ajustée, à ma place. C'est pour ça que je voulais devenir enseignante. Mon cœur est accordé, je ne joue plus un rôle, ma vie professionnelle a vraiment un sens, tout le temps. Je sais que ce système ne convient pas à tous. Certains enfants préféreront toujours le système traditionnel, descendant. Souvent bons élèves, ils m'en font parfois le reproche. J'entends que ma méthode ne répond pas à tous mais ils sont loin d'être les plus malheureux. Je trouve qu'ils sont globalement bien servis, ces enfants, la plupart des cours répondent à leurs demandes. Je n'ai pas de dédain mais je ne pense pas que cette méthode les fasse souffrir. Or certains enfants sont véritablement éprouvés par le collège. Ils le subissent. Ils y entrent avec un poids sur leurs épaules et en sortent avec une tristesse infinie.

LINE

Élève en troisième, Line est seule. Seule dans les couloirs, seule dans la cour, seule à la cantine, seule en classe. Mignonne petite brune, elle semble survivre dans un milieu hostile. Elle arbore toujours un petit sourire triste. Elle attend que le collège passe. Elle oublie souvent ses affaires. En revanche, elle garde toujours près d'elle sa mélancolie comme une compagne. Plusieurs fois, à la fin d'un cours, je tente d'ouvrir le dialogue. Line ne lâche rien. Elle essaie de me faire croire que tout va bien. Solitaire, elle me dit ne pas aimer la compagnie des autres… La tête toujours penchée vers le sol, les épaules rentrées, elle semble s'excuser d'être là. Ses yeux communiquent toute sa peine. Cependant, elle s'est forgé une carapace. Une fois, je l'ai vue pleurer. Elle a demandé à aller à l'infirmerie. Le lendemain, je retrouve ma Line égale à elle-même : calme, posée, étrangère à la classe. Ses phrases sont courtes. Avare de mots, Line garde tout son mystère. Je voudrais bien l'aider. Puis-je cependant l'aider malgré elle ?

Cette solitude fait écho à celle de mes enfants. Celle de Malo et d'Isabelle. Malo est aujourd'hui bien intégré dans son foyer mais il est resté longtemps seul, sans ami. En maternelle, sa différence rebutait ses petits camarades. Le jour de son anniversaire, il avait tant bavé sur son gâteau en soufflant sur ses bougies que personne n'avait voulu en goûter. À l'école, par la suite, il s'est fait quelques amis dans sa classe spécialisée. J'ai sympathisé avec les mamans, mais une fois parti en IME, il a fallu tout recommencer à zéro. Son père et moi avons bataillé et pris des risques pour que Malo puisse inviter des amis.

L'IME était un peu loin de la maison. Un taxi venait chercher mon fils tous les jours et le ramenait tous les soirs. Malo me parlait de ses copains, ou en tout cas il essayait. J'avais parfois du mal à saisir jusqu'à leur prénom. Il s'énervait quand je ne comprenais pas. Son monde m'était totalement étrange et étranger. Pourtant il voulait inviter ses amis à la maison, comme ses sœurs. Je tentai d'abord d'obtenir des contacts par la secrétaire de son établissement. Elle m'expliqua qu'elle n'avait pas le droit de me fournir ces informations. Devant l'insistance de mon garçon, lors de la seule réunion annuelle de son institut, je partis en chasse. Rien ne me facilita la tâche, à aucun moment je ne pouvais identifier les autres parents : pas d'étiquette, pas de présentation. Visiblement ces réunions n'avaient aucune fonction de relations sociales. Pugnace, je profitai du petit temps de flottement qui suivit pour aller interroger les parents. Victorieuse, je revins avec les numéros de Vincent et de Maëva. J'organisai un petit après-midi avec les deux amis. Malo en fut ravi. Moi, je trouvai ça assez drôle et apaisant de voir d'autres enfants ressembler au mien. Vincent paraissait, comme mon fils, oublier ce que je venais de lui demander trente secondes auparavant. Maëva ne parlait, elle non plus, quasiment pas. Je fus aussi assez heureuse de pouvoir rencontrer les parents de Vincent. Je sentais chez eux la même blessure, la même détresse que celle qui tatouait mon cœur. Les parents de Maëva, en revanche, semblaient fuir toute tentative de dialogue et repartirent rapidement avec leur fille en fin d'après-midi.

Quelques semaines plus tard, je reçus un coup de téléphone. Malo était invité chez Maëva ! C'était une première. Je ne pouvais pas l'emmener car je devais être en formation. C'est donc Nicolas qui prit le relais. Un rendez-vous avait été fixé devant l'église d'un petit village situé à une quarantaine de kilomètres de la maison. Nico fut un peu surpris mais il pensa que c'était pour faire convoi car la maison devait être isolée et difficile à trouver. Arrivé en avance, il patienta jusqu'à l'apparition d'une petite voiture sans permis. Le père de Maëva en descendit accompagné de sa fille :

— Bonjour, je viens chercher Malo.

— Ah ? Je ne vous suis pas avec la voiture ?

— Non, ce n'est pas la peine. Je vous le ramène ici vers 17 heures ?

Nicolas a été tellement surpris qu'il a laissé monter son aîné dans la voiture sans permis. Sa copine a même grimpé dans le coffre. Mon mari a laissé s'éloigner son garçon en s'apercevant qu'il n'avait qu'un numéro de téléphone portable, sans nom de famille ni adresse. Il a passé un après-midi un peu angoissé. À 17 heures, Malo revint, comme prévu, enchanté et détendu. Son papa souffla de soulagement.

Lorsqu'une responsable de l'IME a su cette histoire, elle nous a fait quelques reproches. Elle nous a expliqué que certains parents pouvaient être dangereux pour leurs enfants et ceux des autres. Nous aurions dû les appeler pour leur demander. J'entends bien. Nous avons eu de la chance que tout se passe bien. Ne prendre aucun risque de relations, cependant, est-ce vraiment la meilleure solution ? Avoir des relations amicales est un besoin nécessaire, vital pour l'enfant et encore plus pour l'adolescent.

Notre Isabelle peine elle aussi à se faire des amis. Décalée de sa classe d'âge en maturité et en intelligence, elle se lie avec beaucoup de joie avec les plus jeunes. Dans son école Montessori, les enfants ne sont pas, comme dans le système ordinaire, triés par âge. Il n'y a que deux classes : les trois-six ans et les six-douze ans. Ces deux classes ne sont pas cependant étanches et Isabelle, à douze ans, goûte avec beaucoup de joie les relations avec les plus petits. Elle les aide à enfiler leurs bottes mais joue aussi avec eux dans la cour de récréation.

Au collège, rien n'est fait pour développer les relations sociales alors que c'est un besoin vital à cet âge. Tous du même âge dans une même classe, ils sont placés les uns derrière les autres. Cette classe leur est imposée. Ils ne choisissent pas leurs copains mais nous, les enseignants, leur reprochons volontiers de bien s'entendre. Les élèves ne voient que le dos de leur voisin de devant pour écouter aussi sagement que possible le professeur. Le rôle de ce dernier est de leur déverser son savoir. Bien sûr, certains cours sont placés en îlots, certains cours sont plus interactifs et le cours d'EPS est aussi un moment de relations. Bien sûr, il y a la récréation et la cantine. Cependant je trouve que les élèves grandissent malgré le collège. Ils apprennent comme ils peuvent les compétences psychosociales. Or, tous les travaux s'accordent à dire aujourd'hui que ces trois catégories de compétences : sociales, cognitives et émotionnelles sont fondamentales et permettent un développement harmonieux de l'enfant si elles sont travaillées dès le plus jeune âge. Un enfant puis un jeune capable de connaître et de repérer ses émotions, son stress, est compatissant avec son entourage, développe estime de soi et résilience. Il diminue son niveau d'anxiété, est plus habile dans ses relations avec les autres et augmente ses capacités intellectuelles. Toutes ces compétences, il ne suffit pas de les apprendre par expérience. Plus elles sont communiquées, comprises et approfondies régulièrement, plus les problèmes de santé mentale, d'addiction et de troubles du comportement diminuent. Quels adultes voulons-nous former pour demain ? Quelle société bâtissons-nous pour les temps à venir ?

Et que dire des enfants en « situation de handicap » ? C'est encore pire. Ils sont ballottés au gré des inclusions. Que ce soit en primaire ou en secondaire, un certain nombre d'entre eux sont rattachés à une Ulis, unité localisée pour l'inclusion scolaire. L'objectif est d'inclure les enfants en fonction de leur niveau scolaire, si bien qu'il arrive qu'un enfant fasse du français en début d'année puis, comme il n'a plus le niveau, soit retiré de la classe. Il retourne avec son enseignant spécialisé sur les cours de français. C'est toujours le niveau intellectuel qui nous intéresse. Jamais, au grand jamais, nous n'imaginons que ces enfants puissent avoir leur rôle à jouer dans la classe. Même s'ils sont nuls en français, peut-être pourraient-ils développer des relations avec les autres, positives pour eux et pour leurs copains ? Ces enfants en effet sont souvent plus habiles que d'autres en matière de compétences psychosociales. Rarement, cette capacité est mise en relief. Comment est-il possible qu'ils développent un sentiment d'appartenance s'ils font parfois partie de la classe mais pas toujours ? Quelqu'un a-t-il pensé à leur demander leur avis ? Le capacitisme, concept inventé dans les années 1970, dénonce la supériorité, le pouvoir des valides sur les personnes handicapées. Sans arrêt, nous pensons à leur place, nous faisons à leur place… C'est le valide qui décide de tout : des vêtements à la nourriture en passant par le mode de transport et les soins. Évidemment, nous n'en avons pas conscience. Comme le paternalisme pendant des siècles, nous sommes persuadés que cette attitude est bonne. Ce capacitisme déborde évidemment du cadre de l'école.

En attendant, je rêve d'une révolution pour le collège. Je rêve d'un établissement avec des petits effectifs. Je rêve d'un collège où les adolescents pourraient réaliser leurs projets. Je rêve d'un collège où le corps des ados serait pris en compte, où les mains des ados seraient actives. Un collège avec des ateliers, avec des animaux, avec une petite activité économique. Un collège où la créativité serait mise en valeur. Un collège connecté à la nature, pas un univers de béton et de bitume. Un collège avec de vrais temps d'écoute, d'élaboration du règlement par les élèves eux-mêmes. Un collège où les élèves auraient une vraie autonomie, un vrai pouvoir de décision, handicapés et valides. Un collège respectueux de leurs émotions, de leur rythme, de leur ressenti.

Je suis sûre que dans un tel univers, ma petite Line serait plus épanouie. Je suis certaine qu'elle y aurait trouvé sa place. Elle aurait pu montrer ses talents dont j'ignore tout aujourd'hui.

Ce constat me fait mal. Je suis désolée de voir que certains ados passent quatre années à souffrir entre nos murs. Je participe parfois moi-même à cette torture. Heureusement, la jeunesse sort souvent victorieuse de ce combat-là. Beaucoup d'enfants sont d'une résilience incroyable. Ils arrivent à se construire dans cet univers imparfait. Ils prennent le meilleur. L'éducation est une entreprise patiente et persévérante dont nous, les enseignants, ne voyons souvent pas le fruit. Il arrive cependant que cet élan soit coupé en plein vol. Joseph va me l'apprendre.

JOSEPH

Joseph est un de ces adolescents vifs, au regard pétillant, qui s'intéresse à tout sauf à ce que je veux lui enseigner. C'est un sportif, grand et costaud, il occupe une place de leader dans le groupe. Il aimerait être pompier volontaire. Ses amis sont nombreux. Je rame pour l'intéresser à l'histoire. Il s'en détourne d'ailleurs parfois ostensiblement. Il discute souvent avec son voisin, en m'observant du coin de l'œil, un léger sourire aux lèvres. Lorsqu'il échoue à un contrôle et que je lui propose de le refaire, il refuse gentiment en arguant que sa moyenne lui convient. Lorsqu'il redouble sa troisième, je le récupère aussi au sein du dispositif d'aide à l'orientation. C'est dans ce cours que je lui propose, ainsi qu'à ses camarades, de s'écrire une lettre à lui-même. Le principe est de s'écrire une lettre personnelle, en y mettant tout son cœur, toutes ses aspirations, tous ses espoirs. L'idée est d'apprendre aux jeunes à prendre un temps de pause, un temps personnel sans bruit, sans sollicitation. Cet exercice prend en général une heure. Répartis sur la cour de récréation, les élèves doivent écrire seuls. Ils commencent souvent par trouver ça bizarre puis, très vite, ils plongent en eux-mêmes. La lettre est ensuite mise sous enveloppe cachetée avec nom et adresse. Je garde ces lettres sur mon bureau pendant un an. Pendant un an, ces missives énigmatiques restent sous mes yeux. Pendant ce temps les collégiens sont devenus des lycéens. Leur correspondance sur mon étagère est comme un rappel de la singularité de chacun. Je les garde dans mon cœur et dans ma prière. Je les leur envoie ensuite, alors que les élèves sont partis sous d'autres cieux. Ils ont souvent beaucoup changé. Je n'ai quasiment aucun retour de cette expérience. Cela fait partie du côté mystérieux de l'éducation, de la partie secrète de leur croissance. C'est la grotte de leur âme. J'ignore tout de ce qui est écrit dans ces lettres.

Or, six mois après que Joseph a écrit la sienne, six mois après qu'il a quitté le collège en obtenant au passage le brevet des collèges, il se tue avec sa mobylette. Je ne sais pas grand-chose des circonstances de cet accident. Le drame a lieu pendant les vacances de Noël. Je pense à tous ses copains, à son frère, à son père, à sa mère, à sa petite amie. La mort d'un jeune, fauché à l'aube de sa vie d'adulte, est un non-sens pour tous. C'est comme une aberration, comme une erreur. La mort de Joseph interroge profondément mon métier de professeur. Quel est le sens des heures passées à le forcer à travailler ? À faire ce qu'il n'aimait pas ? Si j'avais su que ses heures étaient comptées, je l'aurais laissé en paix. Mais personne ne connaît l'heure de sa mort. Sa vie a été courte mais belle. Merci, Joseph, de m'avoir remise à ma juste place.

Je me retrouve avec mon paquet de lettres à soi-même. Songeuse, je retire celle de Joseph du tas. Je découvre qu'il l'avait annotée en me demandant de l'envoyer un an plus tard que prévu. Je la remets sur mon bureau, un peu soulagée de cette demande posthume. Que vais-je faire de cette lettre ? Ai-je le droit de l'offrir à ses parents ? C'est une lettre personnelle. Joseph ne l'a pas écrite pour eux. Cependant, ai-je le droit de la laisser sur mon bureau *ad vitam aeternam* ? Le temps est toujours maître des meilleures décisions. Joseph m'accompagne ainsi pendant une année supplémentaire sur ma table de travail. Je ne peux l'oublier lorsque je prépare mes cours, lorsque je corrige mes copies. Il se rappelle à moi lorsque je relève la tête, préoccupée par tel ou telle élève. Je pense souvent à ses parents et à Thomas, son frère. Je touche du bout du cœur leur peine abyssale.

Au bout d'une année, lorsqu'arrive le premier anniversaire de la mort de Joseph et la date à laquelle il m'a autorisée à l'envoyer, je me décide à apporter cette lettre à sa maman. Après tout, elle saura si elle doit l'ouvrir ou pas. Je ne crois pas qu'il soit bon que je l'envoie. Je dois quelques explications à son cœur de mère. Je sens le mien battre fort, lorsque je sonne à leur porte. J'ai le cœur gros aussi, l'âme triste et grave. Personne n'ouvre, la maison est vide. Visiblement ils sont partis loin de ce lieu si chargé de la présence de leur garçon. Je repars donc avec ma lettre. Je laisse passer Noël et toute sa charge émotionnelle. Un jour du mois de janvier, je reprends mon courage et l'enveloppe. Je sonne à nouveau à la porte. Cette fois, la porte s'ouvre et la mère de Joseph me reconnaît immédiatement. Elle a les yeux rouges, sa peine est encore à vif. Elle était en train de prendre le café avec une autre femme de son âge : une amie ou une parente. J'imagine qu'elle parlait de son fils. Elle évoquait peut-être sa souffrance de ne plus pouvoir le toucher, entendre sa voix, son rire. Les disputes avec Thomas lui manquent peut-être aussi. Toute présence a disparu et j'imagine le manque viscéral que cela lui procure. Je songe à tout cela lorsque je plonge mes yeux dans les siens. Je lui explique l'objet de ma visite. Elle me remercie chaleureusement, les larmes inondent son visage. J'ai l'impression de lui offrir une lettre venue du monde des morts. J'ai le sentiment d'en être la messagère. Je la quitte. Elle ne me retient pas. Elle me regarde partir, sa lettre plaquée contre sa poitrine. Je me sens plus légère. J'ai l'impression d'avoir apporté une goutte de consolation dans son océan de pleurs.

Goodbye Joseph ! Merci, tu m'as fait grandir. Ton trépas m'a montré tout le prix de la vie. Toute l'importance de goûter la saveur d'un sourire, le parfum d'un regard, la chaleur d'un souffle. Ta courte vie clôture pour moi la période de toutes mes questions pédagogiques, philosophiques. Tu ouvres une nouvelle ère : celle de l'urgence de faire confiance, de faire équipe, de goûter aux saveurs de la joie, de la gratuité et de l'optimisme… Ta mort est un signal pour moi. Il est temps que j'apprenne à lâcher prise.

LE TEMPS
DU LÂCHER-PRISE

« Si tu veux construire un bateau, ne rassemble pas tes hommes et femmes pour leur donner des ordres, pour expliquer chaque détail, pour leur dire où trouver chaque chose…

Si tu veux construire un bateau, fais naître dans le cœur de tes hommes et femmes le désir de la mer. »

Antoine de Saint-Exupéry

LIAM

La mort de Joseph, l'arrivée du Covid, les fermetures des écoles et la santé de mes enfants me questionnent profondément. Je n'ose parfois plus me projeter dans le futur. Je ne sais pas de quoi demain sera fait. Je décide donc de prendre tout ce qui arrive avec philosophie. Je décide d'accueillir aujourd'hui et de ne pas songer à l'avenir. Je décide de faire confiance, de croire en la vie, en mes enfants, en mes élèves et en leurs parents.

Isabelle tourne en rond dans la maison. Elle n'en peut plus du confinement. L'école a repris pour Louis mais la sienne reste fermée. Elle veut sortir. Elle veut bouger. Elle veut savoir si la piscine est à nouveau ouverte. Je sais déjà que non. La France se réveille d'une sorte de coma artificiel où seuls les hôpitaux tournaient à plein régime. Nous avons vécu une drôle de période, enfermés tous les sept à la maison. C'était dense, intense, joyeux mais aussi fatigant et parfois énervant. Cette période aura été singulière pour chacun. C'est vrai dans toutes les familles. Le monde entier s'en souviendra. En attendant, je décide de proposer une petite sortie à vélo à ma fille. Nous projetons d'aller jusqu'à la piscine qui n'est pas loin, regarder ce qui est écrit sur la porte d'entrée et revenir à la maison. Je n'ai pas classe moi non plus. Les sixièmes ont repris mais pas les autres. Les élèves viennent de moins en moins nombreux aux quelques visios que je propose. Ils sont partis ailleurs. Le collège les a perdus. Ils ont repris leur liberté. Que font-ils ? Sont-ils enfermés dans leur maison, devant leur console de jeux vidéo ou sur leur téléphone ? J'imagine que certains voient leurs copains. D'autres ne doivent pas avoir le droit.

Isabelle est prête, casque sur la tête et sourire sur ses lèvres. Cette sortie a un goût d'expédition d'exploration après deux mois d'enfermement. Elle regarde partout autour d'elle. Je la sens étonnée :

— Maman, c'est bizarre, c'est comme avant !

— Oui, c'est comme avant, pourquoi ? Tu imaginais quoi ?

Elle ne me répond pas. Se figurait-elle qu'il flottait dans l'air un gaz étrange, une sorte de brouillard ? Que tout le monde serait habillé en combinaison de spationautes ? Que le monde avait changé de couleur ? Cette sortie a une vertu pédagogique que je n'avais pas anticipée. Arrivées à la piscine, nous lisons ce que j'avais prévu. La piscine est fermée. Aucune précision sur une date de réouverture possible. J'explique tout cela à mon Isabelle. Je sens qu'il va falloir souvent le dire. Le monde n'est pas près de reprendre toutes ses activités. Nous effectuons une petite manœuvre avec nos vélos, reprenons le chemin du retour :

— Bonjour madame de Miniac !

Je stoppe net. Isabelle me télescope : elle me suivait d'un peu près et ses réflexes manquent de réactivité. Pas de mal. Elle n'est même pas tombée.

— Bonjour Dario.

Dario est un de mes anciens élèves de troisième. Il est assis sur les marches avec Nathan. Celui-ci a redoublé sa troisième dans un autre collège. Il a bien changé, il a bien pris vingt centimètres et ses épaules se sont franchement élargies. Je le vois souvent faire du skate-board près de la piscine. Entre les deux copains, une bouteille de soda qu'ils se passent en buvant à même le goulot. Ils ne semblent pas très stressés par le virus, ces deux-là. Je prends quelques nouvelles :

— Vous n'avez pas repris la classe ?

— Non, pas pour le moment.

Je suis surprise par le timbre de sa voix. Nathan a mué. Il a une voix très grave désormais. Il roule devant moi une cigarette. Je ne savais pas qu'il fumait. Il l'allume. Elle peine un peu à rougir. Une odeur douceâtre, qui ressemble à celle du pin, arrive à mes narines. Nathan ne fume pas que du tabac. L'odeur caractéristique du cannabis flotte tout autour de lui. Il tire une bouffée et refile son mégot à Dario. Ni l'un ni l'autre ne semblent gênés de fumer ainsi devant moi. Je les interroge sur une éventuelle reprise de la classe. La réponse que me fait Dario m'amuse franchement :

— Non, mon père ne voudra pas que je retourne en classe. Il a trop peur que je ramène le Covid à la maison.

Je souris intérieurement. Le papa de Dario ne doit pas savoir qu'il en profite pour fumer des substances psychotropes et qu'il boit dans la même bouteille que son ami. Je pense, moi, qu'il serait mieux au collège. Pour Nathan, pour Dario et son papa, l'école est devenue facultative. Le fait d'aller au collège ou au lycée n'est plus prioritaire. C'est la santé qui est passée au premier plan. Les écoles sont considérées comme des lieux de brassage, voire de contamination. Par conséquent les parents ont le choix de mettre ou pas leurs enfants à l'école. Déjà, avant la pandémie, quelques fissures étaient apparues dans la confiance que nous accordaient les familles. Régulièrement, des élèves disparaissent des radars. Ils commencent par s'absenter de temps en temps, puis de plus en plus. Un jour, ils sont déclarés « phobiques scolaires » et le lien est définitivement brisé.

En tant qu'enseignante, j'ignore totalement ce qu'ils deviennent. Sont-ils scolarisés ailleurs ou restent-ils à la maison ? Aucune réponse, je ne sais pas. D'autres enfants ne franchissent pas les murs de l'enseignement ordinaire. Instruits en famille ou dans des écoles hors contrat, ils apprennent ailleurs, autrement. Les motivations des parents sont diverses mais elles sont souvent cohérentes, remettant systématiquement en cause l'offre scolaire estampillée « Éducation nationale ». Maintenant que le monde entier a fermé ses écoles, il est clair que ce questionnement va se poursuivre. Écoutons les familles ; laissons-les nous dire ce qui est important pour elles. Pourquoi saurions-nous mieux qu'elles ? N'est-ce pas les parents qui savent ce qui est le meilleur pour leur enfant ? Faisons alliance avec eux. Tout le monde y gagnera, l'enfant tout d'abord mais aussi le climat familial, et bien évidemment nous aussi les enseignants.

Il arrive cependant que le parent ne sache pas. La période de la puberté en désarçonne plus d'un. L'enfant a tant changé que le parent ne le reconnaît plus. L'adolescent a un comportement qui déstabilise totalement ses parents. Faire alliance avec les parents est encore plus une nécessité.

Mi-novembre, j'envoie un SMS aux deux parents de Liam :

« Bonjour, à quel moment puis-je m'entretenir avec vous de Liam ? Il s'est passé deux incidents dont je voudrais vous parler. Je souhaiterais prendre un petit temps avec vous pour que vous m'éclairiez.

Mme de Miniac, professeur principal de 3D. »

Le matin de ce petit SMS, le professeur de techno a déboulé dans la salle des professeurs, le sourire aux lèvres :

— Salut Agathe, tu es bien la titulaire des 3D ? J'ai un truc à te raconter sur Liam.

La cafetière dans la main, je suspends mon geste et j'opine de la tête. Des ennuis en perspective. Mon collègue me tend sa tasse. Je lui verse son café, me sers le mien. Nous nous asseyons dans les fauteuils. D'autres collègues nous entourent. Je suis prête à l'écouter :

— Vas-y Seb, raconte.

— Ce matin, j'ai rendu les contrôles communs des 3D. Liam avait 17/20. Il exultait. Attrapant la copie, il me déclare : « Oh monsieur Gautier, je suis trop content, ça me fait bander. »

Éclats de rire de mes collègues. Seb poursuit :

— Je réponds à Liam : « Mais enfin, Liam on ne parle pas comme cela à son professeur ! » et lui de rétorquer : « Mais monsieur Gautier, je vous kiffe trop, vous êtes un BG ! »

Tous les collègues sont maintenant tournés vers Seb. Chacun y va de son petit commentaire sur le vocabulaire, sur le respect. Seb termine son histoire :

— Bon ben du coup, je lui ai mis un mot de comportement !

La prof d'anglais, qui n'était pas très loin, renchérit :

— Décidément, ça le travaille en ce moment Liam, je lui ai mis moi aussi un mot de comportement. Regarde ce qu'il avait dessiné sur le cahier de son voisin.

Elle allume son téléphone et nous montre le dessin licencieux composé d'un pénis et d'une paire de testicules. Classique au collège. Le plus amusant, c'est plutôt ce que Liam a fourni comme explication :

— Mais, Madame, ce n'est pas ce que vous croyez, c'est un bonhomme avec un long nez…

Éclats de rire autour du canapé. Liam nous aura bien fait rire ce matin. La sonnerie retentit. La journée continue. Chacun repart. Je n'ai pas cours. Je vais donc faire un petit tour sur l'ordinateur pour regarder le « casier judiciaire » de Liam. Depuis la rentrée des vacances de la Toussaint, il s'est pris huit mots de comportement en moins de trois semaines. Ça fait beaucoup. C'est pourquoi je souhaite m'entretenir avec les parents.

Mon téléphone vibre. C'est la maman de Liam. Elle est disponible immédiatement. Je la rappelle. Je lui expose rapidement la situation. Je lui raconte les faits. S'ensuit un silence, j'ai l'impression qu'elle a posé son téléphone, qu'elle s'est enfuie. Elle finit par me répondre :

— Je suis désolée, madame de Miniac, je ne reconnais pas Liam. Je ne comprends pas ce qui lui arrive.

Je la sens humiliée, mortifiée, horriblement mal à l'aise. Souriant à travers le combiné, je tente de la rassurer :

— Il est juste en pleine adolescence. Sa puberté prend beaucoup de place. Il faut cependant qu'il apprenne à gérer tout cela. Ce n'est pas le premier à qui ça arrive. Il part un peu de travers en ce moment. Je pense qu'il va falloir que je le mette en retenue.

— Oui, Madame, allez-y. Collez-le. Nous allons le reprendre avec son père ce soir. Merci Madame.

Je sens sa peur. Je l'entends dans sa voix. Elle craint que cet épisode ne s'installe dans la durée. Elle craint que son garçon garde cette vulgarité jusqu'à l'âge adulte. J'ai parfois moi aussi l'impression que cela dure. En réalité, c'est parce que je ne quitte pas l'âge du collège. Ça fait bien longtemps que je n'ai pas collé un élève. Je ne sais même pas comment procéder. Je ne crois pas à la vertu éducative de ce genre de punitions. Mais je veux soutenir mes collègues. Je fais équipe avec eux. Liam doit aussi comprendre qu'il y a des frontières à ne pas franchir. Cependant, je crois qu'il faut donner un sens à ce moment, il faut l'habiter avec Liam. Tout d'abord, le prévenir. Après tout, il est le premier concerné. Je prends un temps court avec lui pour lui expliquer le sens de ma démarche. Il accepte calmement. Il sait qu'il a exagéré.

Quelques jours plus tard, le soir de la retenue, il est tout surpris de découvrir que je le surveille moi même. Nous prenons tous les deux un temps de relecture. Plus général, d'abord : comment il se sent, qu'est-ce qui le motive, qu'est-ce qui le freine, comment il regarde sa vie. Il semble apprécier. Je sors ensuite le jeu de cartes des besoins. Soixante-dix cartes vertes avec des petits dessins un peu naïfs. Je lui remets le jeu de cartes et lui propose d'identifier ses besoins. Il peut choisir autant de cartes qu'il le désire. Il pourra me donner ensuite des explications, s'il en a envie. Je retourne à mon bureau.

Je fais semblant d'être occupée. Je le regarde en coin de temps en temps.

— Madame de Miniac, les besoins, c'est au collège ou à la maison ?

— Comme tu veux, c'est toi qui vois.

Il replonge dans son exercice. Il semble très attentif. Il finit par poser le gros tas devant lui, reprend les cartes qu'il a choisies.

— C'est bon, Madame, j'ai terminé.

Il a aligné avec soin devant lui une dizaine de besoins : besoin d'agir, besoin d'affection, besoin de mouvement, besoin de rire, besoin d'espoir, besoin de confiance… Il souhaite m'en parler. Il me parle alors de sa vie à la maison, de sa vie au collège. C'est un beau moment d'échange. Je vis un moment lumineux de paix et de fraternité. Je comprends un peu mieux son monde, son environnement. Il est très conscient de son cadre de vie, des interrogations qu'il suscite et des siennes aussi. Ce dialogue l'apaise. Il semble heureux. Je le sens calme. Je lui propose alors d'écrire une lettre à ses parents. Dans quelques semaines, nous fêterons Noël, c'est une sorte de carte de vœux. J'ai préparé du beau papier, une belle enveloppe. Je ne lirai pas cette lettre mais l'enverrai pendant les vacances. Il se met à écrire. Au début, il semble beaucoup réfléchir. Il me dit qu'il n'a pas l'habitude. Il ne sait pas trop quoi dire. Je lui réponds par un sourire. Je suis à mon bureau ; il est à l'autre bout de la classe. Je ne m'approche pas. J'affecte d'être occupée. Il reprend ses cartes des besoins, il les manie, il les range dans un autre ordre. Il finit par plonger dans son exercice. Il écrit une page, puis deux, puis trois. Je m'interroge sur la teneur de ce qu'il raconte. Mystère, je ne le saurai jamais. Un peu avant la fin de l'heure, il me demande une enveloppe. Il a l'air content. Il écrit le nom de ses parents, puis son adresse. Il me tend l'enveloppe :

— Merci, madame de Miniac, j'ai adoré cette retenue, je recommence quand vous voulez…

J'attrape l'enveloppe en lui souriant. Moi aussi j'ai adoré ce moment. C'est finalement agréable, une retenue. Faire alliance, faire équipe. Tout est là. La maman de Liam me confiera un peu plus tard que cette lettre aura été très émouvante. Elle aura permis une vraie discussion.

Faire équipe avec les collègues s'avère aussi crucial. Or nous avons souvent des points de vue différents, des approches opposées, une philosophie de l'éducation contraire. Nous arrivons au collège avec notre barque chargée de notre vie personnelle. Certains ont vécu un divorce douloureux, s'occupent de leurs parents âgés ou connaissent des difficultés avec leurs enfants. Certains vivent seuls, sans amis et souffrent franchement de ne pas pouvoir déposer auprès d'une oreille attentive le poids de ce qu'ils vivent au collège. Certains coupent complètement les deux mondes, ne laissant rien filtrer de leur vie privée. J'en suis incapable. Je suis pleine de ma maternité si particulière, pleine d'une sensibilité à fleur de peau. Je ne supporte pas que le plus faible soit maltraité. Je suis écorchée vive sur le sujet de l'élève en difficulté. En revanche, je suis un piètre professeur pour les élèves brillants. Je ne les stimule sans doute pas assez. Je n'ai que faire de la réussite scolaire, des diplômes et des belles carrières en devenir. C'est ma faiblesse. Il arrive que des parents me le reprochent. Ils n'ont pas tort. Mais quelle prétention de penser que je peux à moi seule apporter tout ce qui est nécessaire à l'éducation de tous les élèves ! Rien dans le monde ne se fait seul. La nature offre une réponse permanente à mes interrogations pédagogiques. Les mains dans la terre, je comprends que j'ai une partie des réponses sous le nez. Pour qu'un système vivant produise en abondance, il faut qu'il copie l'écosystème. Chaque plante, chaque animal, chaque insecte accomplit sa petite part pour que l'ensemble s'harmonise, produise, soit capable de s'adapter. L'échec actuel de la monoculture prouve qu'essayer d'uniformiser, de standardiser, de rentabiliser coûte finalement plus d'énergie que d'accepter la biodiversité. La monoculture demande à l'agriculteur d'utiliser des intrants pour lutter contre les invasions d'insectes, les maladies alors que la nature avait tout prévu. La monoculture en éducation, c'est pareil.

Coopérer, non pas lutter. Mon collègue d'histoire de troisième, Thomas, me propose de mutualiser nos cours. Pour être parfaitement honnête, il me propose surtout de me donner ses cours et que je les applique. J'ai assez peu expérimenté les ateliers en troisième, il est assez complexe de grouper les heures en un seul bloc sur ce niveau. L'examen du brevet exige, en outre, une mémorisation régulière. J'opte donc pour ce niveau pour un format de cours, frontal, classique, descendant. Ce n'est pas ce que je préfère mais le programme se prête bien au récit. Un peu plus jeune que moi, assez grand, le crâne bien lisse, Thomas aime l'ordre. Une table un peu de travers et il la remet en place. Efficace, il anticipe tout. Les photocopies, les évaluations, les diaporamas : tout est prévu. Je lui apporte un peu de fantaisie, un regard neuf sur les élèves en difficulté, des aménagements possibles pour les dyslexiques. Pas grand-chose en somme mais il semble satisfait. Nous prenons des temps réguliers de concertation. Cette coopération donne de très bons fruits. Les élèves, les parents ne nous mettent plus en concurrence. Le travail est divisé par deux. Je peux me concentrer sur le cours, sur les élèves. Je me fatigue moins. Nous n'hésitons pas à prendre le relais l'un de l'autre. L'un corrige les copies de l'autre lorsqu'il est débordé. Mes cours sont plus classiques, moins innovants mais Thomas me demande d'essayer de temps en temps des ateliers. Nous tâtonnons, expérimentons, mettons en commun. Parfois, c'est réussi, parfois pas. Je trouve qu'il est agréable de faire équipe. Je me sens moins en lutte, moins en guerre.

La paix s'installe peu à peu dans mon âme. Je ne changerai pas tout. Mais changer mon regard, c'est déjà pas mal. Cependant, lorsqu'il me semble avoir atteint un certain équilibre, la vie vient toujours me prouver le contraire. Cette fois-ci, c'est Milo qui vient bousculer mon petit confort.

MILO

Étienne adore l'histoire. À chaque fin de cours, il vient m'interroger sur des questions pointues :

— Madame, que pensez-vous de la supériorité du Cauchat français par rapport à la mitrailleuse Hotchkiss allemande pendant la Première Guerre mondiale ?

Je souris. Il m'amuse avec ces questions, Étienne. C'est un passionné.

— Je ne sais pas, Étienne. Je ne connais pas le nom de ces deux armes. Explique-moi ton point de vue.

Il se lance dans une description détaillée. La réponse, il me la donne. Il a envie de partager toute sa connaissance. Lors de la réunion parents-professeurs, il me parle de son rêve de devenir professeur d'histoire. Je lui propose de préparer un cours et de prendre ma place le temps d'une heure. Ravi, il me saute dessus au cours suivant, me demandant quand il pourra intervenir. Nous convenons d'une date, quinze jours plus tard. Il est galvanisé par le projet à tel point que je me fais un peu engueuler par les autres profs car il prépare sa séance pendant le cours de maths, celui de français ainsi que pendant l'heure de latin. Je m'excuse, explique que je vais lui faire une remarque mais me réjouis secrètement de cette exclusivité. Je ne fais évidemment aucune allusion à mon apprenti-enseignant. Étienne me démontre, s'il le fallait, l'impact de la joie sur l'apprentissage. Les neurosciences le disent aujourd'hui explicitement : l'enthousiasme est l'engrais du cerveau. Le cerveau d'Étienne connecte plus de neurones, se développe mieux lorsqu'il apprend avec joie. Comme tous les cerveaux. Comme le mien et comme celui de Milo.

Milo semble être l'exact contraire d'Étienne. Il souffle bruyamment à chaque début de cours. Il met le plus de temps possible à s'installer. Il oublie ses affaires, son cahier, sa trousse. Il trouve toujours un moyen de se lever, d'aller à la poubelle, de rendre une gomme à un camarade. Il demande sans arrêt si le cours est bientôt fini. Il espère que le suivant lui plaira plus. Il n'en est rien. Ni l'histoire, ni la géographie, ni l'éducation civique n'intéressent Milo. Ce qu'il aime par-dessus tout, c'est le foot. Il porte très souvent la même veste bleu marine et bleu ciel de son club. Tous ses copains appartiennent à son club. Ce monopole du foot au cœur de son esprit donne d'ailleurs des reparties assez amusantes. Lors d'un cours sur la naissance de l'ONU, j'interroge la classe sur l'Unicef. Il lève tout droit la main, trépignant sur sa chaise. Rares sont les interventions de Milo, je l'interroge donc :

— Oui Milo, tu veux expliquer le rôle de l'Unicef ?

— C'est le sponsor du Barça, Madame !

Éclat de rire de la classe. Milo est bien content de sa petite intervention. Il me sourit à pleines dents. Mais pour être parfaitement honnête, Milo m'énerve. Lui et ses copains du club mettent une atmosphère désagréable dans la classe. Je les trouve incontrôlables. Ils se lancent des œillades, ricanent en me regardant, font parfois des remarques à voix haute qui coupent le cours, déconcentrant la classe. Ils sont copains mais ils s'insultent aussi. Ils sont en concurrence. Il faut toujours qu'ils se mettent en position supérieure par rapport à leurs camarades. Ce qui me dérange le plus, c'est une sorte d'habitude d'écraser l'autre pour pouvoir se mettre en valeur. Ce penchant est assez peu visible lorsque les cours sont frontaux, mais il est ingérable lorsque la classe joue. Lors d'une partie de Time's Up, Milo et un de ses copains se sont mis à insulter l'autre groupe, les traitant de « biquets » ou de « gogols ». J'ai arrêté immédiatement le jeu. Ils n'ont pas compris pourquoi j'étais fâchée. Ils m'ont expliqué qu'ils faisaient toujours ça pendant les matchs. Que c'était une façon pour eux de se motiver, de se galvaniser. Même après une petite explication, Milo a haussé les épaules et m'a dit que je n'essayais jamais de le comprendre, que je jugeais mal tout ce qu'il faisait. Il n'a pas tort, Milo, c'est vrai qu'il m'énerve. C'est vrai que je le juge avant qu'il n'ait ouvert la bouche. C'est vrai que j'ai un problème avec le foot et avec ses fans. C'est compliqué de changer de regard. Je suis pleine d'*a priori*.

Arrive le cours d'Étienne. Il présente les grandes batailles de la Seconde Guerre mondiale. Il a tout préparé : un diaporama, une maquette de l'Europe avec des petits drapeaux. Il a réaménagé la salle de classe. Je m'installe donc au fond de la classe à côté de Baptiste. Je me fais toute petite, je me fais à nouveau élève. J'adore ça. Je retire mon costume de prof et j'endosse mon sweat de collégienne. J'écris lorsqu'Étienne le demande, je fais les exercices et, surtout, je bavarde avec mon voisin. Milo n'est pas bien loin. Il porte son éternelle veste du club. Je glisse à mon voisin que Milo porte tout le temps la veste du club et qu'elle est toujours impeccable. Jamais elle n'est tachée, jamais un accroc. Il doit en avoir plusieurs. Baptiste, sans me demander mon avis, se tourne vers Milo et l'interroge. Ce que répond mon petit footballeur me plante sur place :

— Cette veste, je ne la porte que le vendredi car c'est le jour où je vais chez mon père.

Il lit l'interrogation dans nos quatre yeux. Pourquoi ce jour-là ?

— C'est le seul vêtement que mes parents ont acheté ensemble. Je n'ai pas le droit de porter un vêtement que ma mère a acheté quand je vais chez mon père, ni l'inverse. Cette veste, je ne peux la mettre que le vendredi.

Cette phrase déclenche en moi une immense compassion. Entre les parents de Milo, c'est la guerre. Mon élève est déchiré entre ses deux parents. Cette veste est le dernier trait d'union entre eux. Baptiste, à côté de moi, a la même réaction :

— Pauvre Milo, ça doit être dur…

Changement de perspective, changement de regard. Je me dépouille de mon ironie, de mon mépris, de mon orgueil. Dès lors, mes relations avec Milo s'améliorent. Il suffit parfois de quelques mots pour faire bouger les lignes de front. Cependant, il arrive que mon mal soit plus profond. Il arrive que je ne voie plus l'intérêt, le sens. Il arrive que je me perde.

ZOHRA

Les journées commencent vite et densément. Un peu avant six heures, le réveil sonne. La journée s'ouvre toujours par un café, fort, serré. Puis c'est comme un ballet, une chorégraphie millimétrée. Lever Malo, l'aider à s'habiller, vérifier qu'Inès soit réveillée, puis Jeanne, Isabelle et Louis. Mes mains agissent vite. Habiller un enfant, puis deux, puis trois. Préparer le petit déjeuner. Donner des médicaments. Vérifier que tous soient prêts à l'heure. Coiffer des chevelures. Insérer des appareils auditifs. Mettre des chaussettes, des chaussures. Regarder sans cesse ma montre. Aucun enfant ne fréquentant la même école, le même établissement, garder les horaires de chacun en tête. Être tout entière tournée, donnée vers mes petits. Réconforter celui qui n'a pas envie d'y aller. Un petit sourire, un petit câlin. Leur donner un peu de courage. Leur donner l'énergie qui leur manque toujours cruellement. Deux heures défilent à une vitesse vertigineuse. Un petit grain de sable dans les rouages et tous les voyants passent au rouge. Un enfant qui s'est sali et qu'il faut doucher. Une chaussure qui manque ou la fermeture Éclair du manteau qui lâche. Tous les matins, j'ai l'impression de gagner un parcours d'obstacles. Lorsque, quelques minutes avant huit heures, je m'affale dans un fauteuil de la salle des profs, une fatigue intense me submerge souvent.

Pourtant, il faut repartir. Se remettre debout à la première sonnerie. Reprendre son cartable. Descendre dans la cour et mettre en rang les élèves. Je me sens comme un automate, fatiguée avant d'avoir commencé. Mais être professeur en collège, c'est comme être maman d'enfants handicapés. Il faut tout donner. Il faut être là, vraiment. Les adolescents sentent la faille. Il faut aller puiser tout au fond, le petit sursaut de tonus. Parfois, je trouve cette énergie. Je prends le temps d'accueillir chacun à l'entrée de la salle. J'arrive à plonger dans mon cours.

Parfois, cette ardeur, je ne la trouve pas. Je suis découragée, vaincue avant d'avoir combattu. Un ras-le-bol profond, plus absolu, plus épais. Épuisement de recommencer toujours au même point. Toujours le même programme, ou à peu près. J'ai beau changer de niveau, j'ai une impression de déjà-vu. J'ai l'impression de tourner en rond. Leurs hormones en perpétuelle ébullition m'épuisent, tout comme leurs rires à certains mots et leurs dessins obscènes sur les tables. La fougue du groupe, les chahuts, la force de la jeunesse m'éreintent. Je suis parfois blessée de paroles méprisantes à l'égard du handicap, du déficient intellectuel. Je n'ai plus l'ardeur pour lutter. Je me sens certains jours découragée, abattue, extenuée… Le cœur n'y est plus.

Qu'est-ce qui m'arrive ? Je me flétris ? Je m'affaiblis ? Mon âme devient-elle tiède ou bien dure ? Je prends de l'âge ? Je deviens une vieille peau, amère et désabusée ? Une prof aigrie, témoin pétrifiée d'un autre âge ? Une éducatrice qui ne comprend plus la jeunesse ? Une de celles qui répètent sans cesse que c'était mieux avant ? Que le niveau baisse ? Que je ne peux plus rien faire car les parents n'éduquent plus leurs enfants ? Que les enfants n'écoutent pas ? Que les écrans et les réseaux sociaux polluent tout apprentissage ?

Non ! Je refuse de prendre des rides sur le cœur. J'accepte les traces du temps sur mon visage, j'accepte de voir mes cheveux blanchir mais pas de devenir grinçante et gémissante. En revanche, je me fais la promesse que si le feu sacré s'éteint dans mon regard, je changerai de métier. Cette mission n'accepte pas la désespérance. Je n'ai pas le droit de devenir pessimiste.

Alors, quand je n'ai plus la force, je prends ma chaise, m'assois devant mes élèves et leur raconte mes états d'âme. Je leur dis mon épuisement, ma peur de voir mon Isabelle plus fatiguée, les émotions que cela suscite en moi, ma fatigue devant leur fougue, leur vitalité. Je fais tomber le masque. Je montre la véritable Mme de Miniac. Je leur dévoile mon cœur d'adulte. Je pleure devant eux, je pleure avec eux. Jamais ils ne m'ont déçue dans ces moments-là. Jamais ils n'ont ignoré ma peine et mon découragement. La beauté de leur réaction m'édifie. Leur âme compatit naturellement. Ils me remettent sur pied. Ils m'encouragent. Ils me dopent. Ils inventent mille petites actions pour raffermir leur enseignante. Ils trouvent les mots justes. Ils croient en moi. Je trouve, par exemple un petit mot sur le clavier de mon ordinateur signé de sœurs jumelles :

« On vous aime, madame de Miniac, on pense bien fort à votre fille. »

Le feu sacré, ce sont eux qui le rallument. La jeunesse est épuisante mais elle dispose d'une énergie phénoménale. Je les laisse me la communiquer, ils en ont à revendre. Je prends, j'en ai besoin. Il sera un jour temps de la leur rendre.

Je perçois dans ces instants le lent éveil de leur conscience. Instant où, comme par magie, le brouillard se lève et laisse apercevoir la beauté d'une âme. Quelques minutes auparavant, je ne voyais pas le bout de mes pieds et maintenant, tout a changé. Je m'émerveille devant leur qualité d'écoute et d'empathie là où, quelques minutes plus tôt, je ne percevais que bassesse et désordre.

Certains cours ont cette puissance de révélation. Le cours d'histoire est un bon terreau de réflexion. Le programme de troisième pose tout au long de l'année la question du bien et du mal. Il interroge sans cesse la beauté et la bonté de l'humanité. Il questionne la volonté et la capacité d'un petit groupe d'êtres humains à mener tout un peuple vers le meurtre de masse. Tout au long de l'année, le programme aborde le génocide arménien, puis les grands procès de Staline, la Shoah, la guerre d'Algérie et le génocide rwandais. C'est toujours la même question qui se pose : comment l'homme peut-il tuer sous couvert d'une idéologie ? Comment peut-il se croire à ce point supérieur qu'il faille qu'il élimine d'autres êtres humains ? Comment peut-il à ce point vendre son âme ? De loin, cette question paraît simple. C'est mal. Mais dès lors que je m'approche du bourreau, de son histoire, de son point de vue, la réponse semble moins évidente.

Lors d'une préparation de cours sur la décolonisation, je tombe sur un documentaire sur la guerre d'Algérie qui interviewe les protagonistes. Un passage m'interpelle particulièrement : le journaliste interroge une poseuse de bombes de l'attentat du Milk-Bar à Alger. Le dimanche 30 septembre 1956, deux bombes ont été posées par deux femmes algériennes chez le glacier le plus fréquenté de la ville. C'est la veille de la rentrée des classes, l'établissement est plein de monde, des familles d'origine française surtout. Les bombes explosent et entraînent la mort de trois femmes. Soixante personnes sont blessées, dont beaucoup d'enfants. Zohra Drif, la poseuse d'une des bombes, raconte pourquoi elle a choisi de rentrer en lutte contre les colons, pourquoi elle a choisi cet endroit et comment elle a attendu le dernier moment avant de quitter sa bombe. Elle retrace l'instant, juste après l'explosion, où sa conscience vacille. Ses yeux, sa voix laissent passer l'émotion. Il est évident qu'à ce moment, elle regrette. Elle s'interroge encore aujourd'hui sur la portée de son geste, sur la justesse de ses choix. Sauf qu'elle entend à ce moment-là des cris et des hurlements insultant son peuple, des mots de haine. Ce racisme contre elle et son peuple la conduit à conclure qu'elle a bien agi. Lorsqu'elle raconte cette prise de conscience : sa voix se raffermit, son buste se relève, elle se définit dès lors comme une résistante. Le témoignage qui suit est celui d'une petite fille, devenue adulte, qui a perdu sa jambe lors de cet attentat. Elle relate qu'elle était allée manger une dernière glace avec sa grand-mère le dernier jour des vacances. Nulle haine ni colère pendant son récit. Cette femme semble assez détachée. Nous regardons ce documentaire avec mes classes de troisième. Je sens les élèves captivés, interrogatifs. Leur conscience est heurtée. J'entendrais presque leur cerveau réfléchir. Les mains se lèvent, ils veulent comprendre, ils veulent débattre, s'exprimer. À peine ai-je coupé le vidéoprojecteur que les réactions fusent :

— Pourquoi elle n'est pas en prison ?

— C'est dégueulasse de tuer les enfants !

— Ce n'est jamais bien de poser des bombes…

— Pourquoi se sent-elle obligée de tuer pour obtenir cette indépendance ? Il suffisait de manifester…

La plupart des réactions condamnent la poseuse de bombes mais lorsque je leur retourne la question :

— À votre avis, pourquoi l'a-t-elle fait ? Quelles sont ses motivations ? Essayez de vous mettre à sa place : elle avait presque votre âge. Qu'est-ce qui vous pousserait à agir ainsi ?

Quelques-uns changent de camp. Ils défendent les peuples colonisés. Ils se font l'avocat du droit des peuples à disposer d'eux-mêmes, de la lutte contre l'oppresseur. Ils établissent des parallèles un peu excessifs entre l'oppression scolaire et le joug colonial. Peu importe, les arguments fusent. Le débat est animé. Chacun défend son point de vue. La sonnerie retentit, ils ne sortent pas. Ils continuent de controverser, de discuter, de s'expliquer. À cet instant précis, je me dis que mon cours sert à quelque chose, qu'il permet d'éveiller les consciences, qu'il est une goutte d'eau dans l'océan de leur conscience démocratique. Mais le cours doit-il toujours servir à quelque chose ? J'aime bien l'idée de gratuité en matière d'éducation. Offrir culture et connaissance pour rien, sans attendre aucun retour, juste pour le plaisir d'offrir. C'est encore Malo qui m'a appris cela, et c'était il y a très longtemps. Jamais je n'oublierai ce jour-là.

LAURE ET AURÉLIEN

Je tiens sa petite main dans la mienne. Il n'est pas très rassuré. Il n'aime pas la foule. Elle lui fait peur. Elle le crispe. Il n'aime pas non plus les lieux nouveaux. Il a besoin de repères pour être sûr de ne pas se perdre. Il a pourtant voulu nous accompagner à cette exposition des peintures de Cézanne et de Picasso. Sa demande nous a surpris, son père et moi. Il ne sait ni lire ni écrire. Il n'a jamais montré d'appétence particulière pour l'art visuel. Il a maintenant une dizaine d'années. Aucun de nos neveux et nièces n'a souhaité venir. Ils sont tous au collège, tous de très bons élèves, tous bien stimulés culturellement. En bons enseignants, nous leur avions proposé de nous accompagner afin d'enrichir un peu les vacances familiales en Provence. Mais Malo a été le seul à exprimer son envie de musée. Il a même un peu insisté devant notre stupéfaction. Nous avons failli renoncer lorsque nous avons vu la foule devant l'entrée. Sa carte d'invalidité nous a permis de ne pas attendre. Maintenant, à l'intérieur, il observe attentivement les tableaux. Il ne dit rien. Je guette tout signe de fatigue. Avec cet enfant, le temps nous est toujours un peu compté. Il n'est pas capable de se concentrer longtemps. Il peut être pris d'un épuisement intense et soudain. Pourtant, il semble captivé par les tableaux de Picasso. Nous l'observons, Nicolas et moi. Il stoppe net devant un portrait de femme. C'est une peinture sur une grande feuille de papier. Visiblement, c'est une esquisse. Très colorée, hachée, décomposée, des traces de peinture dégoulinent le long du dessin. Des figures étranges apparaissent. Il ausculte attentivement l'ébauche et sourit. Il tente de me dire quelque chose que je ne comprends d'abord pas. Mais son sourire continue d'éclairer son visage. Je me mets à sa hauteur. Je finis par traduire: «gribouillis». Ce qui l'amuse, ce sont les gouttes de peinture qui coulent le long de la feuille. C'est marrant de regarder un Picasso avec un enfant handicapé mental. C'est sans filtre. Puis il s'arrête devant une autre toile. Il regarde attentivement et il se met à rire. Un vrai rire franc, qui détonne dans cette ambiance feutrée de musée. Les visiteurs sont sérieux et concentrés, pas lui. Il observe le toréador en se tordant de son rire sonore. Je fais fi des regards en coin, je décrypte avec lui la toile. Sa joie est communicative. Je le questionne et je comprends enfin:

— Le chevalier, il a des chaussures de dame!

Je n'avais pas prêté attention à ce détail. Nicolas et moi nous regardons, amusés. C'est vraiment drôle d'avoir emmené notre aîné au musée. Ce sera à refaire. Je prends alors conscience que tout enfant a le droit à une éducation au grand, au beau. Il n'est pas question de rentabiliser cette culture. C'est de l'ordre de la gratuité et de la dignité humaine. Cette visite n'a d'autre but que l'instant présent. Malo y a trouvé de la joie, de l'intérêt. Son regard un peu décalé nous a montré ces peintures sous un angle nouveau.

Cette notion de gratuité va faire son chemin dans ma tête. Et si je mettais de la gratuité en classe ? Si je leur proposais mille petites gâteries qui nourrissent leur esprit sans rien demander en retour ? Juste pour le plaisir, juste pour la joie intellectuelle.

Laure s'applique. Elle choisit tranquillement son crayon parmi sa collection de feutres colorés. Elle sort son petit carnet et note avec concentration la citation du jour :

« À vaincre sans péril, on triomphe sans gloire. » Pierre Corneille.

Sa tête penchée laisse tomber ses cheveux devant ses yeux. La petite phrase suit celle d'hier et celle d'avant-hier. Chacune est écrite d'une couleur différente. Une fois ce petit travail effectué, elle referme le carnet noir, remet son élastique et sort son cahier d'histoire. Elle se redresse, plante ses yeux verts dans les miens et attend sagement que je lui indique la suite. Laure est capable de demeurer ainsi, tranquille et sérieuse quoi qu'il arrive en classe. Je l'admire un peu pour cette docilité et ce calme que je n'ai jamais eus. Je commence mon cours : « La Seconde Guerre mondiale, une guerre d'anéantissement. » Aucun lien avec la citation du jour. La petite phrase du matin fait partie de ma panoplie du gratuit. Les élèves entrent en classe, le vidéoprojecteur est allumé et une phrase les attend, en général avec une belle image de nature. Je ne commente en principe pas cette phrase. Elle est juste là pour les élever. Offrir une réflexion à leur âme toute neuve et toute fraîche. Le matin est le meilleur moment pour planter de belles graines dans les cœurs. C'est ma manière de déplier la phrase de Jean-Marie de La Mennais : « Dans nos écoles, on forme l'homme tout entier, son cœur aussi bien que son esprit. » Il peut m'arriver d'omettre de projeter ma petite phrase du matin. Un élève ne manque alors jamais de me le faire remarquer. Si Laure note cette phrase, je ne lui ai jamais demandé de le faire. Je ne cherche pas à savoir si chacun la lit. Cela ne m'appartient pas. Peut-être que certains élèves ne la lisent jamais. J'ai peu de retours d'ailleurs. Il arrive néanmoins qu'Aurélien m'en cite une, des mois après. Pourtant Aurélien est fort différent de Laure. Il ne note jamais les citations. Il ne semble même pas les lire. Il se souvient pourtant de la phrase, de l'auteur et même de l'image. Aurélien est aussi mobile que Laure est statique. Aurélien a tout au plus un stylo à quatre couleurs dans son sac. Il oublie parfois son cahier. Il n'attend pas sagement que le cours commence. Il semble à l'affût de tous les bons mots et prêt à réagir au moindre chahut qui démarre. Et pourtant Aurélien se souvient…

Dans mon arsenal du gratuit, je leur offre aussi de la musique. Lors de temps silencieux comme un contrôle ou un long texte à écrire, je mets un concerto de violoncelle ou un petit air de jazz. Je sens alors la classe plonger dans le calme. Laure semble apprécier, Aurélien se laisse aussi bercer. Les bruits s'apaisent, les bavardages s'interrompent. Moi-même, je me détends. Je profite de ce temps de calme gratuit. Je me l'offre aussi. J'élève un peu leur âme et la mienne par la même occasion.

Depuis quelque temps, j'ose aussi prendre du temps gratuit. Je ne me mets plus la pression. Par exemple quand il est nécessaire de s'arrêter parce qu'il faut que les élèves se parlent. Je ne suis jamais avare de ce temps-là. Ils en ont besoin. C'est encore plus vrai depuis le début de la crise sanitaire.

AHMED

Il y a dans l'air une tristesse, une morosité ambiante. Depuis un an, il est au centre de toutes les conversations. La télévision, Internet, les badauds dans la rue, les réseaux sociaux ne causent que de lui. Il a fermé les cinémas, les restaurants, les bars et les cœurs. Il distille la peur. Il inquiète les plus âgés et les plus fragiles. Il a masqué mes élèves. Il leur interdit de faire du sport avec leurs copains. Il nous empêche de nous réunir. Il annule les mariages et limite les adieux aux enterrements. Grâce à lui, je connais le prénom du ministre de la Santé mais il m'a aussi conduit à me disputer avec des amis dans des débats stériles. Je refuse aujourd'hui de lui laisser toute la place. Il met trop de lourdeur dans l'air. Il introduit la peur entre les murs du collège. Or la peur et le pessimisme n'ont rien à faire en éducation. Ce dont ont besoin les enfants, c'est de la joie et de l'espérance.

Je décide donc de cultiver la joie. D'exagérer même. De forcer le trait. De décider à chaque cours d'être joyeuse. Pas forcément drôle ni délirante. Non, juste apporter une vraie joie en classe, une joie profonde. Le masque cache mon sourire, je dois donc la diffuser autrement. Les citations du jour recèlent des trésors d'espérance. Quand un fou rire démarre entre deux copines, je ne les coupe pas, elles en ont besoin. Le lever du soleil est splendide, arrêtons-nous pour le voir. Je finis mon cours en projetant un sketch un peu marrant d'un humoriste. Parfois, mes blagues tombent à l'eau. Ils ne comprennent pas mon humour. Ils me regardent alors, interdits, hésitant à me dire que ma vanne est nulle. Aucune importance, je ressayerai.

Pareil dans la salle des profs : raconter une petite blague, alléger l'air. J'ai souvent des trucs amusants à raconter de la maison, mes enfants sont assez drôles et totalement imperméables à la sinistrose actuelle. Ils m'ont entraînée à regarder le monde différemment. Ils m'ont montré que le bonheur se trouve dans le présent. Le bonheur, c'est ici et maintenant. Le bonheur n'est pas un but, ce n'est pas un état, c'est un chemin. Nous ne serons pas plus heureux quand ce virus aura été anéanti. C'est aujourd'hui, maintenant que je dois cultiver le bonheur. Cela s'apprend, c'est une sorte d'entraînement pour nous, les adultes. Les jeunes qui sont devant moi sont plus doués pour cette joie. Parfois, ce sont eux qui me prennent la main. Ce sont eux qui me montrent le chemin.

Ahmed semble bien réveillé ce matin. Je le vois, de loin, rire avec ses copains. Ils sont tout autour de lui et rigolent à ses blagues. Lorsque je les mets en rangs et que j'arrive à son niveau, il me sort :

— Kennedy, ils l'ont tué parce qu'il avait des mauvais bodyguards. Vous avez pensé à votre sécurité, madame de Miniac ?

Qu'est-ce qu'il est encore allé chercher ? Tout est jeu pour Ahmed, tout est sketch.

— Je vais vous protéger, on ne sait jamais…

Avant même que j'acquiesce, il se place devant moi, met une main sur son oreille :

— Oui, la zone est propre, OK ! On peut y aller…

Il part devant moi, pousse des camarades, les invective :

— Attention, distance de sécurité, la présidente arrive…

Je trouve la scène assez drôle. Il est dans son rôle. Il est très bon acteur. Les élèves autour de moi s'amusent aussi. Il poursuit dans l'escalier. Il monte les marches en arrière, sans regarder tout à fait derrière lui. Lorsqu'il arrive sur le palier, il pivote et se heurte à quelqu'un :

— Excusez-moi, il faut se pousser, je protège Mme la présidente…

Il lève alors les yeux, pâlit un peu :

— Bonjour monsieur le directeur…

Il rentre dans le rang, fin de la pièce. Nous sourions tous, très amusés de la chute de son numéro. Le directeur n'a pas trop compris, je crois. Je fais comme si de rien n'était. Je prends un air dégagé, fais semblant d'être parfaitement maître de la situation. En réalité, je sais que je ne maîtrise rien. Ce sont eux les maîtres. Ils sont maîtres de leur vie, de leur croissance, de leurs talents. Moi, je n'ai qu'un petit rôle d'accompagnante. Je ne suis qu'une goutte d'eau dans leur océan de relations. Si je peux, par ma présence, les aider à se révéler un peu, à découvrir qui ils sont vraiment, ma vie de prof aura un sens. Tout est là. J'ai mis plus de vingt ans à le comprendre. Je ne saurai jamais s'ils ont trouvé. Ils repartent vers d'autres horizons sans que je sache ce qu'ils sont devenus. Je sème des graines à l'aveugle, sans savoir si la plante pousse, si elle est belle, si elle est forte, si elle donne du fruit.

La vie peut, cependant, parfois, m'ouvrir une petite lucarne, me donner une petite réponse…

Pour une grande majorité, vous avez disparu des radars. Je pense souvent à toi, Babacar, le séducteur. Qu'es-tu devenu ? As-tu réussi à faire mentir les statistiques sur les enfants des quartiers défavorisés ? As-tu trouvé l'amitié ? L'amour ? As-tu des enfants ? Es-tu heureux ?

Et mes élèves djiboutiens ? Vous êtes sans doute installés vous aussi. Vivez-vous à Djibouti ? Ou ai-je une petite chance de vous croiser en Europe ? Mon regard est souvent attiré par un visage, une démarche, une couleur de robe qui me rappelle votre terre d'Afrique orientale.

Quant à toi Samuel, toi dont les deux parents étaient handicapés mentaux, toi qui ne voulais plus aller à l'école, tu as pourtant terminé tes études. Je te revois de temps en temps. Après la troisième, j'ai appris que tu étais entré en lycée agricole, puis tu as passé ton permis conducteur poids lourd. Tes parents ont divorcé. Ton petit frère, celui qui pataugeait tout seul dans son bain, est handicapé lui aussi. Il est allé en IME et travaille en Esat. C'est par hasard que je t'ai retrouvé. Chantal, ton éducatrice, avait gardé le contact et m'a parlé de ta petite activité de vente de produits ménagers. Je lui ai partagé mon envie de te revoir. J'achète depuis tes produits deux ou trois fois par an. Cela me permet de garder le contact. Tu as rencontré une gentille femme et tu es devenu papa d'une petite fille. Tu étais fier de me la présenter. Tu as toi aussi tracé ton chemin.

Et Cassandra, toi qui m'avais fait tant rire devant la plaque commémorative des morts de la guerre ? Et toi Germain, que j'ai offensé ? Toi Marion, que j'ai maltraitée ? M'en voulez-vous encore ? J'espère que non, je vous demande encore pardon. Liam et ta gouaille ? Es-tu devenu un jeune homme au langage châtié ? Dario et Nathan, fumez-vous encore ? Et toi Ahmed, es-tu devenu comédien ?

Je ressens beaucoup de gratitude vis-à-vis de vous mes élèves. Vous m'avez aidée à vivre, à trouver l'équilibre. Vous m'avez sortie de mon quotidien parfois âpre. Vous m'avez emmenée, sans vous en apercevoir, au grand large. J'ai pris des bourrasques d'air frais et iodé. À vos côtés, j'ai affronté des gros temps, des orages mais aussi été témoin d'instants magiques. Vous m'avez fait rire, mais aussi sans cesse questionnée, déplacée, remise en question. Jamais vous ne m'avez laissée en paix, jamais je ne suis restée longtemps au port. La coque de mon bateau est aujourd'hui un peu rouillée et cabossée, la peinture s'écaille à certains endroits. Il tient pourtant encore à peu près la mer, mon bateau, car il n'a pas fini ses voyages. Je vais continuer l'aventure, regarder, accompagner, aimer vos petits frères et vos petites sœurs, peut-être même vos enfants. Chaque âme est un concentré d'espérance. Elle recèle des merveilles d'envie, d'espoir et de résilience. Ma mission est d'être là, d'assister à sa lente genèse. De croire de toutes mes forces, de toute mon âme, que le meilleur se réalisera. Chaque être a le pouvoir de changer le monde à son échelle.

Merci aussi à vous, mes chers enfants. Vous aussi, vous m'avez questionnée, interrogée. J'ai grandi en même temps que vous.

Merci à toi, Malo. Tu m'as appris le langage non verbal, tu m'as montré qu'on ne contrôle pas un enfant, que je n'en suis ni le maître ni le propriétaire. Tu m'as aussi appris que l'école n'est pas un passage obligatoire.

Merci aussi à toi, mon Inès. Toute petite, tu as interrogé le sens de l'école. Tu l'as remise en question dès le primaire. Tu as été, très jeune, sensible à l'empathie de tes enseignantes. Au collège, tu m'as montré l'impact des paroles blessantes d'un éducateur sur un adolescent mais aussi la résilience et le courage de celui-ci. Tu n'as aimé ni le collège ni le lycée, sauf ton passage dans le système américain. Tu t'es servie de ton cerveau en bon état pour exercer ta pensée critique vis-à-vis du système scolaire « à la française ». Ton regard m'a beaucoup instruite. Tu es une jeune adulte libre aujourd'hui. Je suis curieuse de voir quels chemins tu vas prendre. Je te regarde grandir et prendre ta place dans le monde avec émerveillement.

Merci Jeanne. Tu as toujours gardé ton attitude solaire. Tel un papillon léger et aérien, rien ne semble t'atteindre. Tu démontres jour après jour que l'empathie, la joie et la bienveillance permettent de surmonter bien des obstacles. Tu as aussi démontré que le cerveau est plastique et capable de toutes les prouesses, malgré ta maladie.

Merci Isabelle. Tu nous as ouvert, à moi et à ton père, les portes de la pédagogie Montessori. J'ai appris à tes côtés l'importance cruciale de l'amour et de la douceur. Je croyais avoir tout appris sur le handicap mental. Tu me montres encore aujourd'hui qu'il n'en est rien, que chaque enfant est différent et a son propre mode d'emploi.

Quant à toi, mon petit Louis, je te remercie pour le cadeau de ta venue inopinée. Jamais je n'aurais osé prendre le risque de ta venue. Tu m'as réhabilitée dans le rôle de maman « classique ». Tu entres dans l'âge de raison. J'adore nos conversations dans lesquelles on sent toute ta personnalité commencer à affleurer, s'affermir et ta pensée logique se mettre en place. Toi aussi, tu interroges le système scolaire par tes questions enfantines.

Aujourd'hui, je suis pleine d'espoir pour l'évolution de notre monde. Je vois partout des initiatives fleurir. Elles remettent en question le modèle hiérarchique, où l'autorité puissante et aveugle écrase le plus faible. Dans le monde de l'entreprise, les nouvelles générations de salariés interrogent franchement l'organisation de commandement et la place du dirigeant. Elles veulent pouvoir agir, expérimenter, innover sans pour autant sacrifier leur vie personnelle. Elles veulent que leur travail ait du sens. Dans les hôpitaux, la parole du patient commence à être entendue. Des patients « experts » peuvent faire entendre leur voix et faire partager aux soignants la réalité de leur quotidien. Le monde de la santé a compris que le malade était l'artisan principal de sa guérison. Dans les familles, il n'est plus question pour les parents de s'imposer par la force. Non seulement frapper son enfant est susceptible d'être puni par la loi mais les violences éducatives ordinaires sont dénoncées par de plus en plus de voix. La subordination de la femme à son mari est aussi aujourd'hui un modèle totalement dépassé. Beaucoup de parents font désormais le choix de ne pas scolariser leurs enfants dans le système général : ils leur font l'école à la maison ou les inscrivent dans des écoles privées hors contrat. Celles-ci prolifèrent sur le territoire. Ces parents-là ont des motivations diverses mais beaucoup dénoncent la vétusté du modèle sur lequel repose l'Éducation nationale. Ils revendiquent pour leurs enfants une plus grande liberté, une plus grande écoute de leurs besoins et une souplesse de l'enseignement.

La révolution silencieuse a déjà commencé, elle va forcément atteindre l'Éducation nationale. La parole des usagers, c'est-à-dire celle des élèves, va nécessairement être entendue. La fermeture des écoles, des collèges et des lycées pour des raisons sanitaires va, je pense, accélérer ce questionnement. J'ai quelques raisons d'espérer.

J'attends. Je compte sur vous, mes enfants et mes élèves, pour poursuivre cette grande remise en question. C'est à vous de jouer maintenant. Je sais que vous ne vous contenterez pas de reproduire un système qui n'est plus viable. J'aimerais pouvoir participer à cette profonde transformation. J'adorerais vous accompagner dans cette grande mutation. Deux cents ans après, je rêve de reprendre les paroles de Jean-Marie de La Mennais :

« Tout est à reconstruire et je veux en être. »

Merci

À vous, mes trois premiers lecteurs, Anne-Sophie Bahuon, Laure Letertre et Solange de La Fournière pour vos précieuses remarques et vos encouragements.

À toi, mon Nicolas, pour nos échanges permanents sur la pédagogie, sur la bienveillance, sur les innovations éducatives. Merci aussi de m'avoir soutenue tout au long de l'écriture de ce livre.

À vous, les frères de Ploërmel, pour la formation mennaisienne et cette posture éducative, toujours prête à se laisser réinterroger, toujours ouverte au monde et à la société en mutation.

À vous chers parents d'élèves, pour m'avoir confié ce que vous avez de plus précieux : vos enfants.

Merci encore et toujours à tous mes élèves, ceux que j'ai évoqués mais aussi à tous les autres : les timides, les fatigants, les performants, les absents et les dérangeants, les géniaux et les drôles….

Merci aussi à vous, lecteurs.

Bibliographie

– André ANTIBI, *La constante macabre ou comment a-t-on découragé des générations d'élèves ?* Ed. Math'adore.
– Jean-Louis AUDUC, *Sauvons les garçons,* Ed. Descartes et Compagnie.
– Christiane CONTURIE, *Enseigner avec bonheur*, Ed. Parole et Silence.
– Stanislas DEHAENE, *Apprendre, les talents du cerveau, le défi des machines*, Odile Jacob.
– Catherine GUEGUEN, *Pour une enfance heureuse, repenser l'éducation à la lumière des dernières découvertes sur le cerveau,* Robert Laffont.
– Jane NELSEN, *La discipline positive*, Éditions du Toucan.

Table des matières

Imprimé en France par CPI
en août 2021

Dépôt légal : août 2021
N° d'impression : 165610